ÁLBUM
DE
DATOS

Bernd Riemann

*Para
Hatuey José Cabrera Pérez*

ÍNDICE

SOCIEDAD

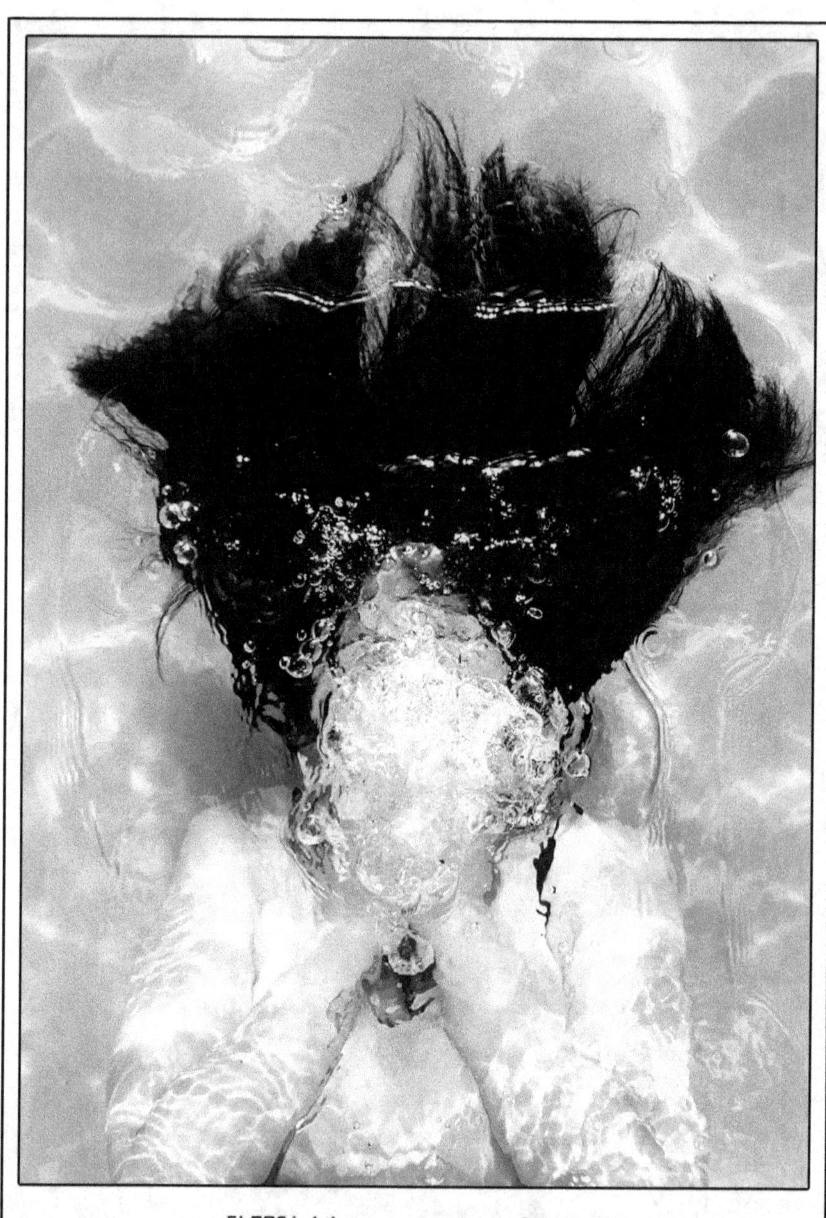

El 70% del comportamiento humano
está fundamentado en las emociones, no en la razón
Fuente: GALLUP
Fotografía: Guilherme Yagui

Las libertades civiles están seriamente amenazadas
en más de 100 países
Fuente: Oxfam Internacional
Fotografía: Willy AuYeung

Únicamente el 4% de la población mundial vive en países
donde los gobiernos respetan debidamente
las libertades de asociación, reunión pacífica y expresión
Fuente: CIVICUS
Fotografía: Alisdare Hickson

1 de cada 6 niños vive en zonas del mundo
afectadas por guerras o conflictos armados
Fuente: Naciones Unidas
Fotografía: AMISOM Public Information

El presupuesto anual de Naciones Unidas
para el mantenimiento de la paz
equivale a menos del 0.5% del gasto militar global
Fuente: Naciones Unidas
Fotografía: Fabien Rafowicz

Desde 1946, más de 170 casos han sido juzgados
en la Corte Internacional de Justicia
Fuente: Naciones Unidas
Fotografía: MIchael Coghlan

La Declaración Universal de los Derechos Humanos
es la obra más traducida del mundo
Fuente: Naciones Unidas
Fotografía: University of Essex

Los hombres poseen un 50% más de la riqueza mundial
que las mujeres y controlan el 86% de las corporaciones
Fuente: Oxfam Internacional
Fotografía: August Brill

La población reclusa mundial
asciende a más de 11 millones de personas
Fuente: Institute for Criminal Policy Research (CPR)
Fotografía: Young Shanahan

Los hombres constituyen el 93%
de la población reclusa mundial
Fuente: Institute for Criminal Policy Research (ICPR)
Fotografía: Allen Warren

Cada año se producen en el mundo
más de 450.000 homicidios
Fuente: UNODC
Fotografía: Tex Texin

La mitad de los adolescentes en el mundo
sufre algún tipo de violencia de sus compañeros en la escuela
Fuente: UNICEF
Fotografía: Erika Mayumi Ozassa

3 de cada 10 estudientes en 39 países desarrollados
admite hacer 'bullying' a sus compañeros
Fuente: UNICEF
Fotografía: Coastal Elite

Aproximadamente 15 millones de chicas adolescentes
de entre 15 y 19 años son víctimas de abusos sexuales
Fuente: UNICEF
Fotografía: Sodanie Chea

El 35% de mujeres en el mundo ha sufrido violencia
física y/o sexual de pareja o violencia sexual por terceros
en algún momento de su vida
Fuente: Organización Mundial de la Salud
Fotografía: Saws

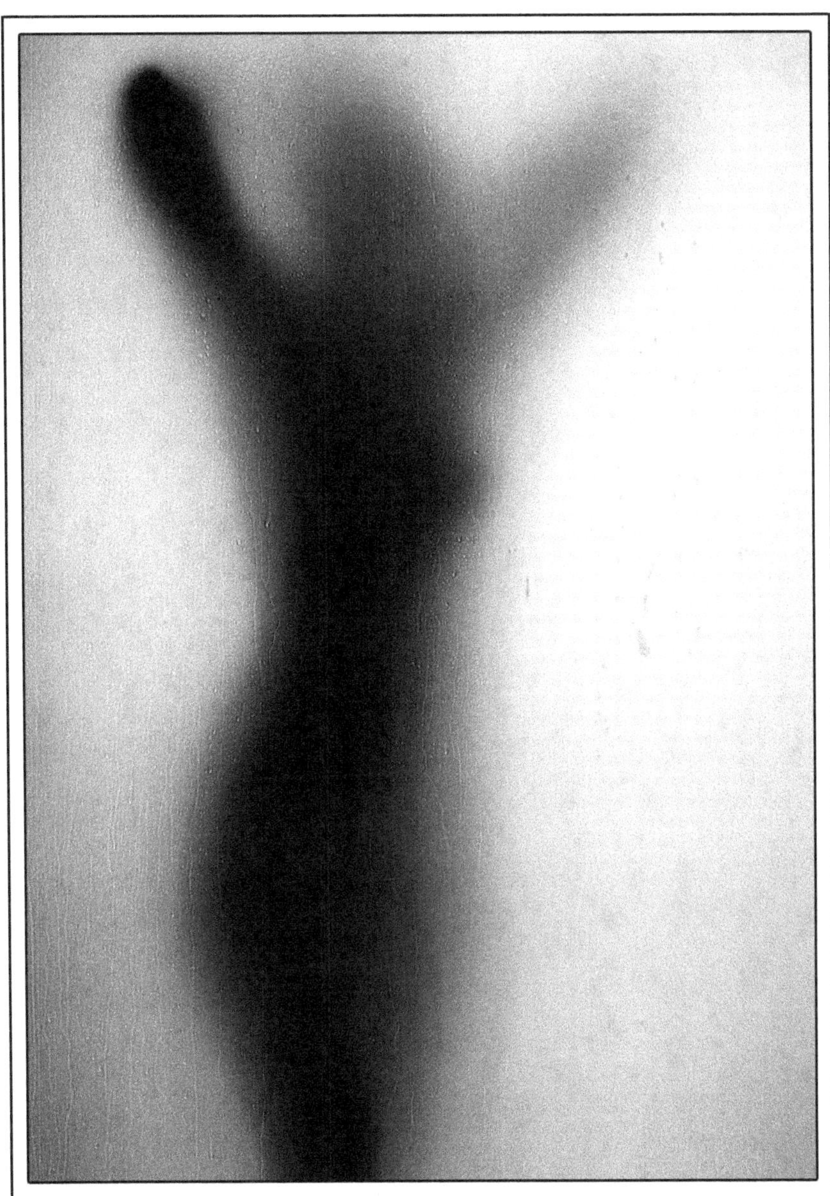

200 millones de mujeres y niñas son víctimas
de la mutilación genital femenina
Fuente: Oxfam Internacional
Fotografía: Tiomax80

Aproximadamente 650 millones de mujeres de la actualidad
se casaron antes de cumplir los 18 años
Fuente: UNICEF
Fotografía: mrhayata

A nivel mundial, solo se concede a las mujeres
3/4 de los derechos legales que disfrutan los hombres
Fuente: Banco Mundial
Fotografía: AMISOM Public Information

Con el ritmo de cambio actual, se tardarían 217 años para cerrar la brecha de oportunidad salarial y laboral entre mujeres y hombres
Fuente: Oxfam Internacional
Fotografía: Ralf Steinberger

Constituyendo casi el 40% del total de empleados en el mundo,
las mujeres ocupan solo el 27% de los puestos directivos
Fuenete: Naciones Unidas, Informe sobe Desarrollo Sostenido 2019
Fotografía: Zyan

Las mujeres jóvenes tienen más del doble de probabilidades
que los hombres de su edad de estar desempleadas
y sin acceso a la enseñanza
Fuente: División de Estadística de las Naciones Unidas
Fotografía: Bread for the World

La mayoría de los graduados universitarios
en casi todos los países desarrollados son mujeres
Fuente: Universidad Yale
Fotografía: Alan Light

Las mujeres dedican una media de 3 veces más tiempo
que los hombres a tareas domésticas no remuneradas
Fuente: División de Estadística de las Naciones Unidas (UNSD)
Fotografía: mrhayata

750 millones de adultos en todo el mundo son analfabetos
Fuente: Naciones Unidas
Fotografía: Ryan Hadley

La tasa de alfabetización de las mujeres ha aumentado más rápido
que la de los hombres en todas las regiones
durante los últimos 25 años
Fuente: Naciones Unidas, Informe sobre Desarrollo Sostenido 2019
Fotografía: Josiah Brown, SIM USA

32 millones de niñas en edad escolar primaria
de todo el mundo están sin escolarizar
Fuente: Naciones Unidas,
Fotografía: Mike Knell

Las niñas y adolescentes del mundo tienen un 90% más
de probabilidades que sus contrapartes masculinos
de no completar estudios de secundaria
Fuente: Naciones Unidas
Fotografía: Binny V A

9 de cada 10 niños en África no están logrando
un nivel de competencia mínima en lectura y matemáticas
Fuente: Naciones Unidas
Fotografía: Feed My Starving Children

1 de cada 5 niños, adolescentes y jóvenes de todo el mundo
no asiste a un centro educativo
Fuente: UNESCO
Fotografía: Marc Wathieu

El 53% de los adolescentes de 15 a 17 años
no cursa estudios de secundaria superior
Fuente: UNICEF
Fotografía: Thomas Galvez

El número global de estudiantes en el nivel de educación terciaria
aumentó de aproximadamente 160 millones en 2008
a unos 200 millones en 2015
Fuente: Universidad Yale
Fotografía: John Walker

617 millones de niños y adolescentes no están recibiendo
conocimientos mínimos en lectura y matemáticas
Fuente: UNESCO
Fotografía: Keith Ellwood

1/5 de los jóvenes del mundo
no trabajaban ni estudiaban en 2018
Fuente: División de Estadística de las Naciones Unidas
Fotografía: Martin Mutch

24,9 millones de personas trabajan
en condiciones de esclavitud moderna
Fuente: Global Slavery Index
Fotografía: Ty Chan, USAID

La inseguridad en el entorno laboral en los países desarrollados
es un 33% mayor que cuando se midió por primera vez en 2007
Fuente: OCDE
Fotografía: David Reece

Solo el 35% de los niños en todo el mundo
tiene garantías de protección social
Fuente: Naciones Unidas, Informe sobre Desarrollo Sostenido 2019
Fotografía: Al Jazeera

152 millones de niños de entre 5 y 17 años estaban trabajando
en 2016, 73 millones de ellos realizando tareas peligrosas
Fuente: Organización Internacional del Trabajo
Fotografía: Rod Waddington

Casi la mitad de los 152 millones de niños víctimas
del trabajo infantil tienen entre 5 y 11 años
Fuente: Organización Internacional del Trabajo
Fotografía: Gideon

Desde el año 2004, el número de miembros sindicales
ha disminuido en más de 30 países
Fuente: Organización Internacional del Trabajo
Fotografía: Dun.can

Las protestas no violentas tienen el doble de probabilidades de éxito
que las campañas violentas, siendo necesaria la participación activa
de alrededor del 3.5% de la población para asegurar un cambio
Fuente: Erica Chenoweth, Universidad Harvard
Fotografía: Patrice Calatayu

En la mayor parte del mundo, el porcentaje de adultos que
considera que tienen un gran trabajo rara vez supera el 10%
Fuente: Gallup
Fotografía: barockschloss

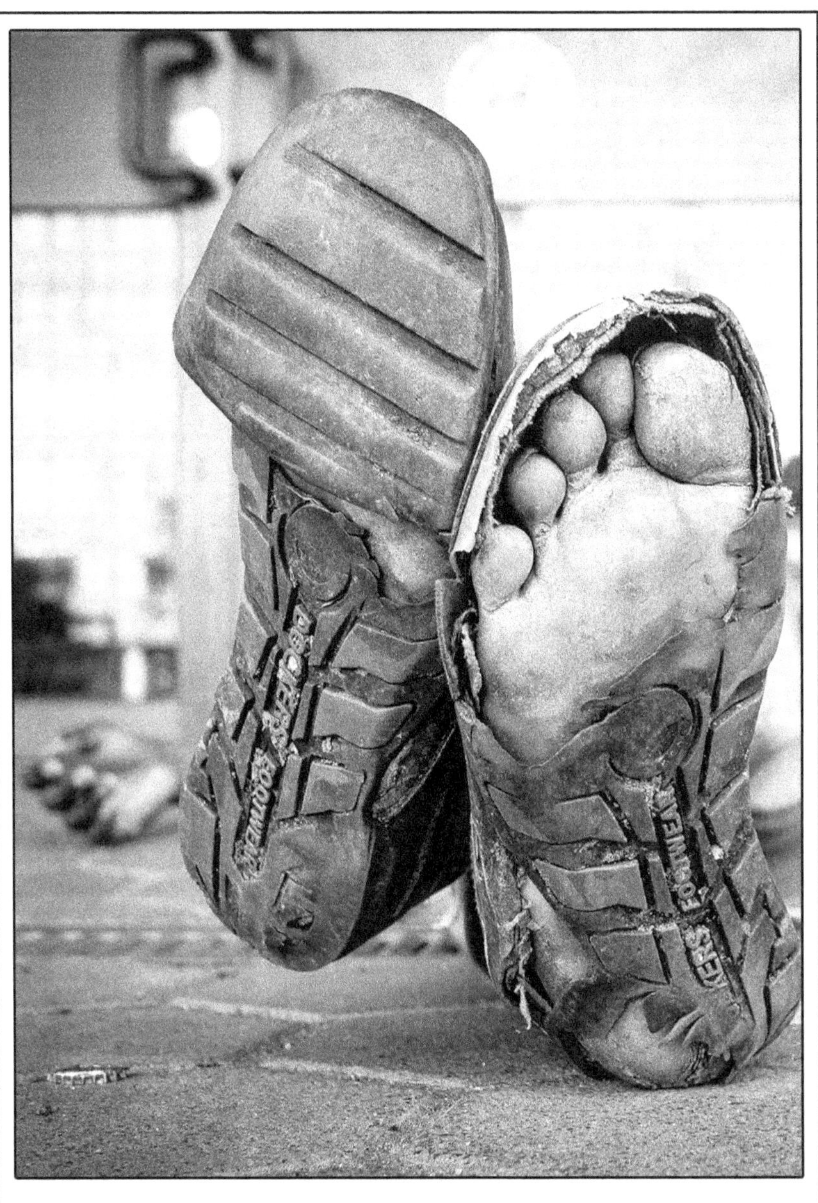

En el mundo hay cerca de 150 millones de personas sin hogar,
lo que supone un 2% de la población mundial
Fuente: Naciones Unidas
Fotografía: Karl-Heinz Kasper

En la actualidad, más personas que nunca
viven en un país en el que no nacieron
Fuente: Naciones Unidas
Fotografía: TeaMeister

Hay aproximadamente 244 millones
de migrantes internacionales
Fuente: Organización Internacional para las Migraciones
Fotografía: Jonathan McIntosh

Actualmente, más de 68,5 millones de personas
se han visto desplazadas forzosamente
Fuente: Naciones Unidas
Fotografía: Jonathan McIntosh

Hay aproximadamente 1.000 millones de migrantes
internos en los países en vías de desarrollo
Fuente: FAO
Fotografía: Michael Davis-Burchat

1/3 de los migrantes internacionales
tiene entre 15 y 34 años
Fuente: FAO
Fotografía: George Martell

Casi la mitad de los migrantes internacionales
son mujeres
Fuente: FAO
Fotografía: Mario Fornasari

Aproximadamente 70,8 millones de personas (1 de cada 108)
en todo el mundo se vieron desplazadas
por conflictos bélicos o persecución en el año 2018
Fuente: Naciones Unidas
Fotografía: EU Civil Protection and Humanitarian Aid

9 de cada 10 refugiados
son acogidos por países en vías de desarrollo
Fuente: Naciones Unidas
Fotografía: Foreign and Commonwealth Office

Cerca de 1.000 millones de personas en todo el mundo
no dispone de un documento de identidad oficial y legal
Fuente: Banco Mundial
Fotografía: Denkrahm

Más de 2/3 de los países puntúan por debajo del aprobado
en el Índice de Percepción de Corrupción
Fuente: Transparency International
Fotografía: Naberacka

Casi 6 de cada 10 personas cree que su gobierno no está
haciendo lo suficiente para combatir la corrupción en el país
Fuente: Transparency International
Fotografía: Master Steve Rapport

Solo 1 de cada 3 habitantes de países desarrollados piensa
que tiene poder de influencia sobre la actuación de su gobierno
Fuente: OCDE
Fotografía: Bread for the World

Globalmente, el 80% de las personas se informa
viendo las noticias en televisión y un 40% lee la prensa
Fuente: Patrick Kennedy y Andrea Prat (Universidad Columbia)
Fotografía: K. Kendall

El nivel medio de confianza en los medios informativos
cayó al 42% en el año 2018
Fuente: Digital News Report 2019
Fotografía: Eric Bridiers, U.S. Mission Geneva

El 32% de las personas evita ver las noticias
Fuente: Digital News Report 2019
Fotografía: Robert Anders

El número de operaciones de cirugía plástica ha pasado
de 14 millones en 2010 a más de 23 millones en la actualidad
Fuente: Insider
Fotografía: Paulina Jowita Koltun PJK

El individualismo ha aumentado un 12%
a nivel mundial desde 1960
Fuente: Asociación para la Ciencia Psicológica (APS)
Fotografía: Dominic

El número de divorcios a nivel mundial
casi se ha duplicado en las últimas 4 décadas
Fuente: Social Forces
Fotografía: Ewan Munro

Cada año se practican unos 50 millones
de abortos inducidos en todo el mundo
Fuente: Organización Mundial de la Salud
Fotografía: katieg93

El número de usuarios de redes sociales activos a diario
auspera los 3.200 millones de personas en todo el mundo
Fuente: Emarsys
Fotografía: Joey Zanotti

Más de 1.500 millones de personas usan Facebook a diario
Fuente: Social Media Today
Fotografía: aisletwentytwo

Los usuarios de redes sociales comparten el 60% de los enlaces
de forma compulsiva, sin haberlos comprobado o abierto antes
Fuente: Universidad Columbia e INED
Fotografía: Fouquier

Los usuarios frecuentes de redes sociales
tienen un riesgo 2,7 veces mayor de sufrir depresión
que los usuarios menos habituales
Fuente: Universidad de Pittsburgh, Escuela de Medicina
Fotografía: Tomas Forgac

El 49% de las personas hacen caso de las recomendaciones
de influencers para realizar una compra
Fuente: Annalect y Twitter
Fotografía: Beckie

La exposición diaria a marcas de un habitante de una ciudad
ha pasado de 2.000 hace 30 años a 5.000 en la actualidad
Fuente: Yankelovich, Inc.
Fotografía: José Elias

El 62% de los consumidores realiza una compra
para obtener una recompensa psicológica
Fuente: TNS Global
Fotografía: Sigfrid Lundberg

Las mujeres son responsables del 85% del gasto
en bienes de consumo
Fuente: Yankelovich, Inc.
Fotografía: Marco Monetti

Casi el 40% de los "millennials" se endeudó
para seguir el paso a amigos
Fuente: Credit Karma y Qualtrics
Fotografía: Ralf Scherer

Las restricciones gubernamentales y las hostilidades sociales
hacia grupos religiosos han sufrido un incremento
de más del 20% desde el año 2007
Fuente: Pew Research Center
Fotografía: Coastal Elite

1.200 millones de personas en todo el mundo (un 16% del total)
no se identifican con religión alguna o no son practicantes
Fuente: Pew Research Center
Fotografía: Bradley Weber

Unas 800.000 personas fallecen cada año
tras cometer suicidio
Fuente: Organización Mundial de la Salud
Fotografía: Petras Gagilas

El suicidio es la segunda causa de muerte
entre los jóvenes de 15 a 29 años a nivel mundial
Fuente: Organización Mundial de la Salud
Fotografía: Kelsey Graeter

ENTORNO NATURAL Y ANTINATURAL

La edad de la Tierra
es de unos 4.543 millones de años
Fuente: Scientific American
Fotografía: NASA

Las aguas oceánicas representan
aproximadamente un 72% de la superficie terrestre
Fuente: Naciones Unidas
Fotografía: Nick Harris

El océano absorbe alrededor del 30%
de las emisiones humanas de dióxido de carbono
Fuente: Naciones Unidas
Fotografía: Andrew

La acidez de las aguas oceánicas ha aumentado un 26%
desde la época preindustrial
Fuente: Naciones Unidas, Informe sobre Desarrollo Sostenido 2019
Fotografía: Neil Williamson

El nivel del mar es actualmente entre 13 y 20 centímetros
más alto que el valor medio del año 1900
Fuente: Instituto Smithsoniano
Fotografía: Guillaume Baviere

Durante las últimas 4 décadas, el 75% del aumento
del nivel del mar ha sido producido por el deshielo de glaciares
y la expansión térmica de las aguas oceánicas
Fuente: Naciones Unidas
Fotografía: Michael Gwyther-Jones

El agua dulce representa únicamente
el 2,5% del agua de la Tierra
Fuente: Organismo Internacional de Energía Atómica
Fotografía: ufoncz

Menos del 1% del agua dulce de la Tierra es accesible
y aprovechable para los ecosistemas y humanos
Fuente: Organismo Internacional de Energía Atómica (IAEA)
Fotografía: Kandukuru Nagarjun

El 68,6% del agua dulce del planeta
está en glaciares o en forma de nieve
Fuente: Organismo Internacional de Energía Atómica (IAEA)
Fotografía: Liam Quinn

La extensión de hielo del Ártico ha disminuido sucesivamente
desde 1979 a razón de 1,07 millones de km² cada década
Fuente: Naciones Unidas
Fotografía: Smudge 9000

El deshielo en la Antártida entre 2014 y 2018
equivale al que ha tenido lugar en el Ártico durante 34 años
Fuente: NASA
Fotografía: Jasmine Nears

El consumo global de agua se duplica cada 20 años,
más del doble del ritmo de crecimiento de la población humana
Fuente: FAO
Fotografía: Steffen Zahn

Únicamente el 15% de la población mundial
dispone de retaliva abundancia de agua
Fuente: IAEA
Fotografía: Evan Blaser

Solo el 8% del consumo total de agua dulce
se produce a nivel doméstico
Fuente: Organismo Internacional de Energía Atómica (IAEA)
Fotografía: Thierry Leclerc

Más de 2.000 millones de personas viven en zonas
afectadas por altos niveles de estrés hídrico
Fuente: Naciones Unidas
Fotografía: Tim J Keegan

91

Alrededor de 4.000 millones de personas experimentan
una grave escasez de agua durante al menos un mes del año
Fuente: Naciones Unidas, Informe sobre Desarrollo Sostenido 2019
Fotografía: Julien Harneis

La mitad de la población mundial
vivirá en áreas con escasez de agua en el año 2025
Fuente: Organización Mundial de la Salud
Fotografía: Patrick Emerson

1/3 de las reservas de agua subterránea
más grandes del mundo rozan niveles de agotamiento
Fuente: Naciones Unidas, Informe sobre Desarrollo Sostenido 2019
Fotografía: James St. John

El sector agrícola es responsable
del 70% del consumo de agua dulce
Fuente: Naciones Unidas, Informe sobre Desarrollo Sostenido 2019
Fotografía: Lance Cheung, USDA

Las especies animales de algua dulce han disminuido
un 83% desde 1970
Fuente: World Wide Fund For Nature (WWF)
Fotografía: Julia Maudlin

Los seres humanos han alterado de forma permanente
el curso de más del 93% de los ríos del mundo
Fuente: ONU Medio Ambiente
Fotografía: Gordon Wrigley

Cerca del 90% de las aguas residuales en ciudades
de países en desarrollo son vertidas sin tratamiento
directamente en ríos, lagos o el océano
Fuente: UNEP
Fotografía: Murray Barnes

Casi 6.000 millones de toneladas de peces e invertebrados
han sido extraídos de los océanos del mundo desde 1950
Fuente: World Wide Fund For Nature, (WWF)
Fotografía: Hernán Piñera

La sobrepesca ha reducido algunas poblaciones de peces
comercialmente explotados en más del 90%
Fuente: Unión Internacional para la Conservación de la Naturaleza (IUCN)
Fotografía: Garry Knight

Cerca del 27% del pescado que llega a tierra
se pierde o se desperdicia
Fuente: Naciones Unidas
Fotografía: Paulo Valdivieso

Hay aproximadamente 2,8 millones
de embarcaciones de pesca a motor
Fuente: World Wildlife Fund (WWF)
Fotografía: Andrew

Siendo el sustento para más de 1/4 de la vida marina,
cerca de la mitad de los corales de aguas poco profundas
ha desaparecido en solo 30 años
Fuente: World Wide Fund For Nature (WWF)
Fotografía: Julie Bedford, NOAA

Cerca de 200 millones de personas dependen de los arrecifes
de coral para protegerles de marejadas y oleajes
Fuente: World Wide Fund For Nature (WWF)
Fotografía: Laika ac

El desarrollo urbano.la sobreexplotación y la acuicultura
son factores que han contribuido a que la extensión de los manglares
se haya reducido entre un 30% y un 50% en los últimos 50 años
Fuente: World Wide Fund For Nature (WWF)
Fotografía: hds

El 70% de los humedales naturales
ha desaparecido durante el último siglo
Fuente: Naciones Unidas, Informe sobre Desarrollo Sostenido 2019
Fotografía: USFWS Mountain-Prairie

Los bosques producen el 40%
del oxígeno del planeta
Fuente: Unión Internacional para la Conservación de la Naturaleza (IUCN)
Fotografía: Mike Goren

1.600 millones de personas dependen de los bosques
para vivir
Fuente: Unión Internacional para la Conservación de la Naturaleza (IUCN)
Fotografía: Stonestreet's Coaches

A pesar de cubrir solo el 30% de la superficie mundial de tierras,
los bosques son el hábitat para más del 80% de todas
las especies terrestres de animales, plantas e insectos
Fuente: Unión Internacional para la Conservación de la Naturaleza (IUCN)
Fotografía: Andy Hay

Cerca del 20% de la selva del Amazonas
ha desaparecido en los últimos 50 años
Fuente: WWF
Fotografía: Neil Palmer, CIAT

Hay aproximadamente 3 billones de árboles
en todo el mundo
Fuente: Nature
Fotografía: Dominic

Más de 15.000 millones de árboles
son talados cada año
Fuente: Nature
Fotografía: Counselman Collection

El número global de árboles ha disminuido aproximadamente
un 46% desde el inicio de la civilización humana
Fuente: Nature
Fotografía: Tony Hisgett

Más de la mitad de los árboles talados en el mundo
son quemados para producir carbón vegetal
Fuente: Naciones Unidas
Fotografía: TREEAID

La degradación del suelo tiene un impacto severo
en el 75% de ecosistemas terrestres
y reduce el bienestar de 3.000 millones de personas
Fuente: World Wildlife Fund (WWF)
Fotografía: LiveWildPhotos

Cerca de 1/3 de las tierras de cultivo del planeta han sido abandonadas en los últimos 40 años a causa de la erosión del suelo
Fuente: Naciones Unidas
Fotografía: Hernán Piñera

Los seres humanos han modificado de forma deliberada
más del 75% de la superficie terrestre del planeta
Fuente: ONU Medio Ambiente
Fotografía: Geoff Parsons

La biodiversidad del planeta ha sufrido un declive del 30%
desde 1970
Fuente: World Wildlife Fund (WWF)
Fotografía: Theo Crazzolara

En los últimos 40 años, las poblaciones de mamíferos,
aves, peces, reptiles y anfibios han disminuido un 60%
Fuente:: World Wildlife Fund for Nature (WWF)
Fotografía: Bob Dass

Las tasas actuales de extinción de especies
son entre 100 y 1,000 veces más altas que antes de que
la acción humana se convirtiera en un factor determinante
Fuente: World Wildlife Fund for Nature (WWF)
Fotografía: Neil McIntosh

El 75% de todas las especies extinguidas de plantas, anfibios,
reptiles, aves y mamíferos desde el año 1500 desapareció
a causa de la actividad o sobreexplotación agrícola
Fuente: World Wildlife Fund for Nature (WWF)
Fotografía: Christopher Griner

Desde el comienzo de la agricultura hace unos 12.000 años,
el ser humano ha cultivado para el consumo
aproximadamente 7.000 especies de plantas
Fuente: Unión Internacional para la Conservación de la Naturaleza (IUCN)
Fotografía: USDA NRCS Montana

Entre 50.000 y 75.000 plantas medicinales y aromáticas
son usadas en procesos industriales
Fuente: Unión Internacional para la Conservación de la Naturaleza (UICN)
Fotografía: Marco Verch

El aceite de palma es actualmente el aceite vegetal
más producido, consumido y comerciado del mundo
Fuente: World Wide Fund For Nature, (WWF)
Fotografía: Tatters

El trigo es el producto agrícola más cultivado en el mundo.
constituyendo el 20% de la ingesta diaria de proteína
y de calorías de 4.500 millones de personas
Fuente: FAO
Fotografía: Stanze

El 80% de las tierras de cultivo se explota
para la producción de alimento para el ganado
Fuente: ONU Medio Ambiente
Fotografía: Stuart Richards

Alrededor de 1/3 de la producción agrícola mundial
es destinada a la alimentación del ganado
Fuente: FAO
Fotografía: Dave

El número global de pollos, vacas, ovejas y cerdos
es 3 veces mayor que el número de personas
Fuente: Foro Económico Mundial
Fotografía: Mario Fornasari

Alrededor de 50.000 millones de pollos
son sacrificados cada año
Fuente: Foro Económico Mundial
Fotografía: Lance Cheung, USDA

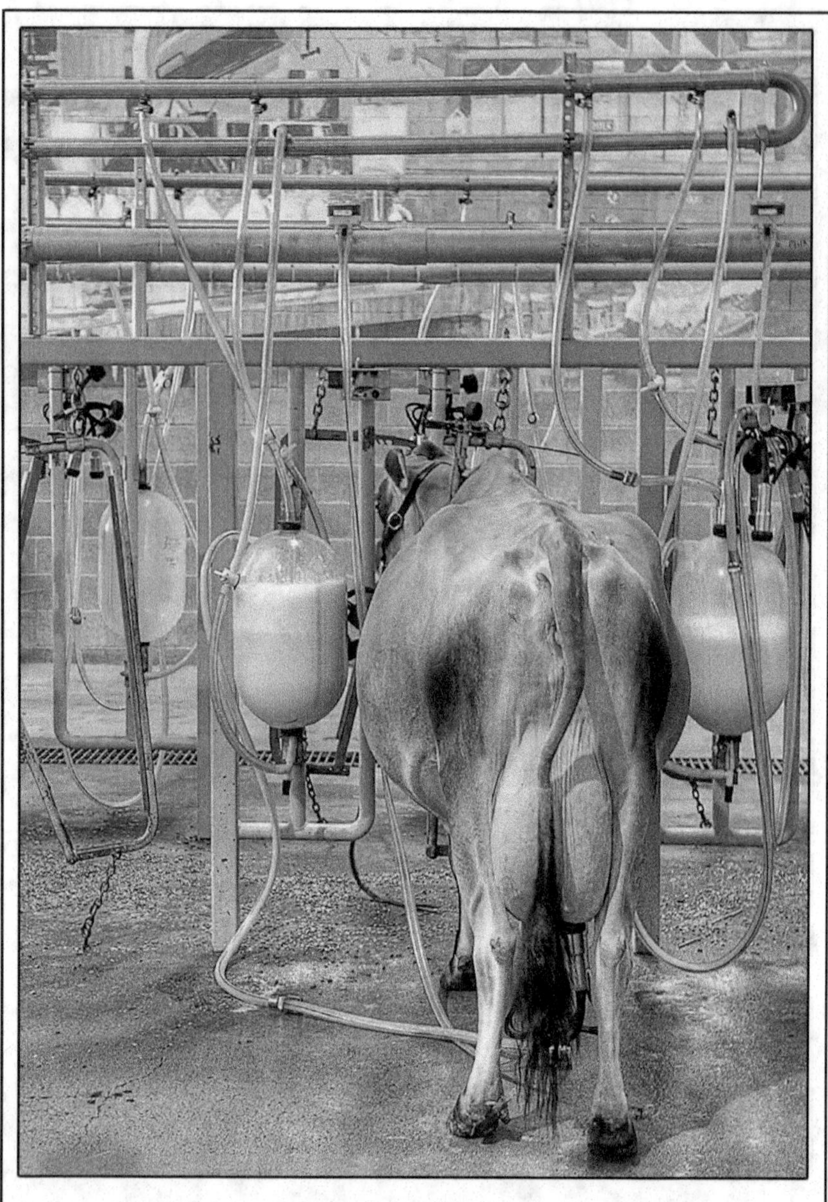

La producción de leche ha aumentado en más de un 58%
en las últimas 3 décadas
Fuente: FAO
Fotografía: Glen Bledsoe

Actualmente se utilizan en el mundo
más de 1000 pesticidas diferentes
Fuente: Organización Mundial de la Salud
Fotografía: CIAT

Los animales polinizan el 87% de todas las especies de plantas con flor
y el 35% de los cultivos de la producción alimentaria
Fuente: World Wildlife Fund For Nature (WWF)
Fotografía: Tom Shockey

El consumo de recursos naturales por parte de la humanidad
ha aumentado cerca de un 190% en los últimos 50 años
Fuente: Global Footprint Network. National Footprint Accounts 2018
Fotografía: Bureau of Land Management California

Menos de un 10% de los recursos usados por el hombre
es reutilizado
Fuente: ONU Medio Ambiente
Fotografía: Alan Levine

Aproximadamente 1/3 de toda la comida producida en el mundo
para consumo humano al año se desecha o se desperdicia
Fuente: FAO
Fotografía: U.S. Department of Agriculture

Los países más desarrollados generan
el 56% de los desechos de comida de todo el mundo
Fuente: ONU Medio Ambiente
Fotografía: Taz

Aunque solo representan el 16% de la población mundial,
los países más desarrollados están generando en conjunto
más de 1/3 de todos los desechos del mundo
Fuente: Banco Mundial
Fotografía: Tiomax80

En todo el mundo se generan al menos 3,5 millones de toneladas
de desechos plásticos y otros residuos sólidos cada día,
10 veces más que hace 100 años
Fuente: Banco Mundial
Fotografía: ACE Solid Waste

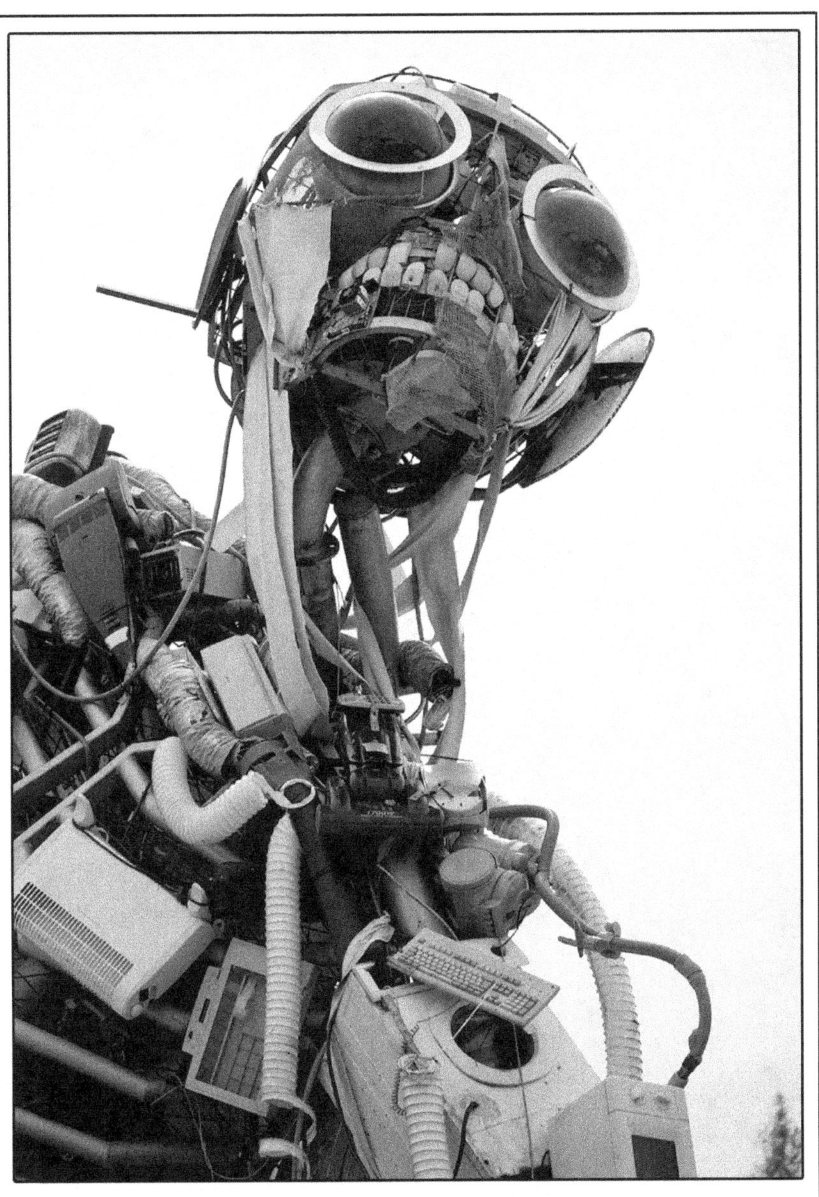

Los desechos electrónicos han aumentado en más de un 50%
en menos de una década
Fuente: ONU Medio Ambiente
Fotografía: Stuart Richards

Hasta un 90% de los residuos de aparatos eléctricos
y electrónicos es comerciado o desechado ilegalmente
Fuente: ONU Medio Ambiente
Fotografía: Rwanda Green Fund

El tratamiento y desecho de residuos genera alrededor del 5%
de las emisiones mundiales de dióxido de carbono
Fuente: WARC
Fotografía: Kema Keur

El sector ganadero es responsable del 14,5%
de las emisiones globales de gases de efecto invernadero
Fuente: FAO
Fotografía: elzoh

Aproximadamente 60 millones de barriles de petróleo
son transportados por vía marítima cada día
Fuente: Administración de Información Energética de Estados Unidos (EIA)
Fotografía: Padraic

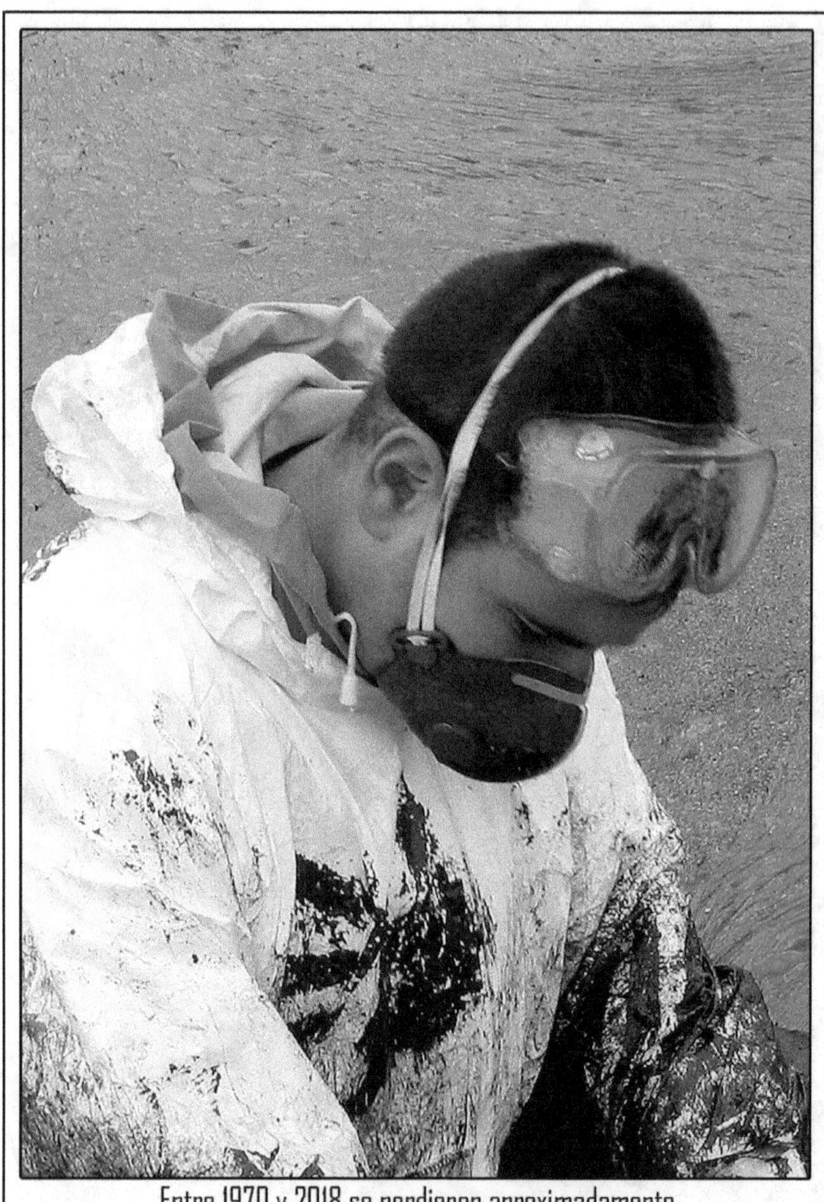

Entre 1970 y 2018 se perdieron aproximadamente
5,86 millones de toneladas de petróleo
debido a accidentes de petroleros
Fuente: International Tanker Owners Pollution Federation Limited (ITOPF)
Fotografía: Stéphane M. Grueso

Casi la mitad de todo el plástico fabricado por el hombre
ha sido producido en las 2 últimas décadas
Fuente: Roland Geyer, Universidad de California
Fotografía: ikeofspain

El 40% del plástico producido es para empaquetado
que se desecha una vez usado
Fuente: Roland Geyer, Universidad de California
Fotografía: Bo Eide

La demanda de plástico de uso único se ha multiplicado por 20
desde la década de 1960
Fuente: Morgan Stanley
Fotografía: Mike

Cada minuto se vende en el mundo
casi 1 millón de botellas de plástico de bebidas
Fuente: Euromonitor International
Fotografía: Shafiu Hussain

Aproximadamente 8 millones de toneladas
de desechos plásticos acaban en el océano cada año
Fuente: ONU Medio Ambiente
Fotografía: Peretz Partensky

Menos de 1/5 de todo el plástico fabricado
en el mundo es reciclado
Fuente: Roland Geyer, Universidad de California
Fotografía: Andrew Bowden

El sector energético es el causante principal del cambio climático,
contribuyendo con cerca del 60%
de la emisión de gases de efecto invernadero
Fuente: Naciones Unidas Informe sobre Desarrollo Sostenido 2019
Fotografía: glasseyes view

La energía nuclear proporciona alrededor del 11%
de la electricidad mundial a través de unos 450 reactores
Fuente: Asociación Nuclear Mundial (ANM)
Fotografía: Bjoern Schwarz

La producción mundial de energía nuclear aumentó en 2018
por sexto año consecutivo
Fuente: Asociación Nuclear Mundial (ANM)
Fotografía: Greg Dunlap

El 38% de la electricidad que se genera en el mundo
proviene del uso de carbón
Fuente: Agencia Internacional de la Energía (AIE)
Fotografía: Arnold Paul

La concentración de dióxido de carbono en la atmósfera
es un 146% mayor que el nivel de la era preindustrial
Fuente: Naciones Unidas, Informe sobre Desarrollo Sostenido 2019
Fotografía: Kim Hansen

En abril de 2018 los niveles atmosféricos de dióxido de carbono
alcanzaron el máximo de los últimos 800.000 años
Fuente: Instituto Oceonográfico Scripps
Fotografía: Nevalenx

Las emisiones de dióxido de carbono derivadas del uso
de combustible han aumentado un 40% desde el año 2000
Fuente: Agencia Internacional de la Energía (AIE)
Fotografía: Jules & Jenny

El 17,5% del consumo energético total
fue producido por energías renovables en el año 2015
Fuente: Naciones Unidas, Informe sobre Desarrollo Sostenido 2019
Fotografía: Baker County Tourism

Casi 2/3 de todos los nuevos sistemas de generación de energía
agregados en 2018 fueron sistemas de energías renovables
Fuente: Agencia Internacional de Energías Renovables (IRENA)
Fotografía: Guilhem Vellut

La inversión global en energías renovables
se multiplicó por 5 entre 2004 y 2018
Fuente: Instituto Internacional de Desarrollo Sostenible (IISD)
Fotografía: Mark Floyd, Universidad de Oregón

Solo el 20% de la energía producida es para uso de electricidad,
el 80% restante es empleado en calefacción y transporte
Fuente: División de Estadística de las Naciones Unidas
Fotografía: Christian

El número global de vehículos a motor en uso
supera los 1.400 millones
Fuente: Organización Internacional de Constructores de Automóviles (OICA)
Fotografía: joiseyshowaa

La red global de carreteras
cubre más de 30 millones de kilómetros
Fuente: CIA, The World Factbook
Fotografía: Benedict Adam

La red ferroviaria mundial tiene una extensión total
de más de 1 millón de kilómetros
Fuente: Unión Internacional de Ferrocarriles
Fotografía: Gary Bembridge

El 55% de la población mundial
vive en zonas urbanas
Fuente: Naciones Unidas
Fotografía: joiseyshowaa

Las ciudades y las áreas metropolitanas generan cerca del 70%
de las emisiones globales de dióxido de carbono
y son responsables de más del 60% del uso de recursos
Fuente: Naciones Unidas, Informe sobre Desarrollo Sostenido 2019
Fotografía: Janne Räkköläinen

Los países en desarrollo representan el 93% de la urbanización
a nivel mundial, de la cual un 40% es expansión de zonas marginales
Fuente: ONU-Habitat
Fotografía: Aleksandr Zykov

Entre los años 2000 y 2010, en China se produjo
el 80% del crecimiento urbano de Asia Oriental
Fuente: Banco Mundial
Fotografía: Jakob Montrasio

El número de megaciudades (más de 10 millones de habitantes)
ha pasado de 2 en 1950 a más de 30 hoy en día
Fuente: Naciones Unidas
Fotografía: Dani

El 64% de las ciudades del mundo excede
los niveles de riesgo de partículas finas PM2.5 en el aire
establecidos por la Organización Mundial de la Salud
Fuente: Greenpeace y AirVisual
Fotografía: Eileen MacAvery

9 de cada 10 residentes de zonas urbanas
respiran aire contaminado
Fuente: Naciones Unidas, Informe sobre Desarrollo Sostenido 2019
Fotografía: Gauthier Delecroix

22 de las 30 ciudades más contaminadas del mundo
están en la India
Fuente: Greenpeace y AirVisual
Fotografía: Bill Bourne

Desde el año 1800, la población mundial se ha multiplicado por 7,
superando los 7.600 millones de personas,
mientras que la economía global se ha multiplicado por 30
Fuente:: World Wildlife Fund for Nature (WWF)
Fotografía: Janko Luin

El 83% de la población mundial
se encuentra en países en vías de desarrollo
Fuente: Unión Internacional de Telecomunicaciones
Fotografía: Tony Tarry

Casi 2/3 de las ciudades de más de 5 millones de habitantes
se encuentran en zonas vulnerables a la subida del nivel del mar
Fuente: Naciones Unidas
Fotografía: William Warby

Más de 600 millones de personas viven en zonas costeras
que están menos de 10 metros por encima del nivel del mar
Fuente: Naciones Unidas
Fotografía: baldeaglebluff

Alrededor del 50% de los turistas internacionales
se desplaza a zonas costeras
Fuente: Naciones Unidas
Fotografía: Ana Lauriano Lauriano

La temperatura media global en 2018 estuvo aproximadamente
1 °C por encima de la media preindustrial
Fuente: Naciones Unidas
Fotografía: Mike McBey

En los últimos 50 años, la humanidad ha modificado
el clima de la Tierra 170 veces más rápido
que la media de los 7.000 años precedentes
Fuente: World Wildlife Fund For Nature (WWF)
Fotografía: 16:9clue

Los desastres climáticos y geofísicos se cobraron la vida
de 1,3 millones de personas entre 1998 y 2017
Fuente: Naciones Unidas
Fotografía: Hypnotica Studios Infinite

En los últimos 20 años, el 90% de los mayores desastres naturales
fueron causados por eventos relacionados con el clima
Fuente: Unión Internacional para la Conservación de la Naturaleza (IUCN)
Fotografía: Nick Harris

A nivel mundial, el número de los desastres naturales
relacionados con el clima
se ha más que triplicado desde la década de 1960
Fuente: Organización Mundial de la Salud
Fotografía: TLV and more

De media, los desastres naturales se cobran unas 68.000 vidas
y afectan a 218 millones de personas cada año
Fuente: EM-DAT
Fotografía: NASA

Desde 1992, las inundaciones, sequías y tormentas han afectado a más de 4.000 millones de personas en todo el mundo
Fuente: UNISDR
Fotografía: Alachua County

Entre 1998 y 2017, las pérdidas económicas ocasionadas por desastres naturales ascendieron a casi 3 billones de dólares
Fuente: Naciones Unidas, Informe sobre Desarrollo Sostenido 2019
Fotografía: Wavian

8 de los 10 desastres naturales económicamente más costosos
(en relación con el PIB de la región)
occurrieron en países de ingresos bajos y medios
Fuente: Naciones Unidas, Informe sobre Desarrollo Sostenido 2019
Fotografía: Stephen Kennedy

Desde el año 2008, un promedio anual de 21,5 millones de personas
se han visto desplazadas forzosamente
por situaciones de peligro relacionadas con el clima
Fuente: Naciones Unidas
Fotografía: Jorge Intriago

En los últimos 20 años, los terremotos, las erupciones volcánicas,
las inundaciones, los huracanes y otros desastres climáticos
causaron pérdidas económicas globales de casi 2,9 billones de dólares
Fuente: Naciones Unidas
Fotografía: Patrick Emerson

Los satélites detectan unos 10.000 incendios activos
cada día durante el mes de agosto en todo el mundo
Fuente: NASA
Fotografía: Tim Vrieling

SALUD

La esperanza de vida global aumentó en 5,5 años
entre los años 2000 y 2016,
el incremento más rápido desde la década de 1960
Fuente: Organización Mundial de la Salud
Fotografía: Alexander Mueller

Gloabalmente, la esperanza de vida en 2016 era de 72 años
(74,2 años para las mujeres y 69,8 años para los hombres)
Fuente: Organización Mundial de la Salud
Fotografía: Timon Hast

33 de las 40 principales causas de muerte contribuyen
a reducir la esperanza de vida en mayor medida
en los hombres que en las mujeres
Fuente: Organización Mundial de la Salud
Fotografía: Ramón Peco

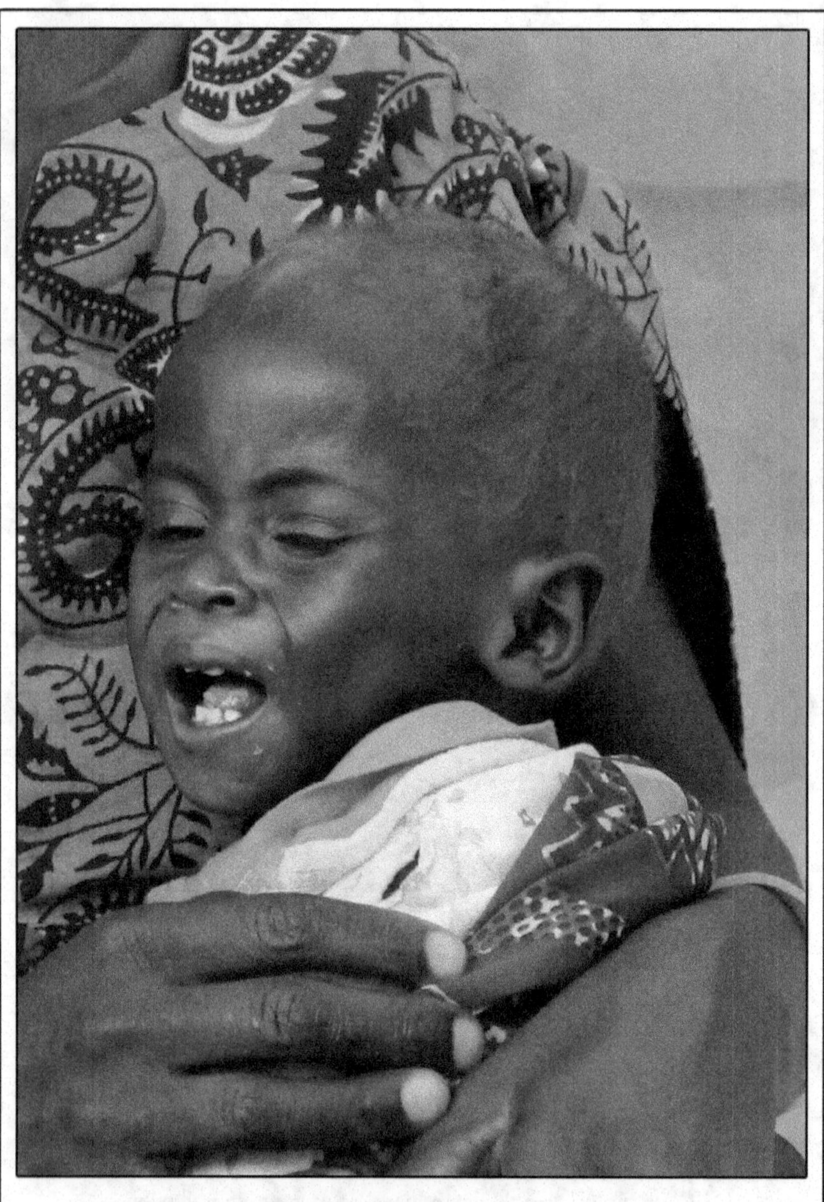

En los países menos desarrollados, casi 1 de cada 3
muertes infantiles se produce en niños menores de 5 años
Fuente: Organización Mundial de la Salud
Fotografía: Marisol Grandon, UK Department for International Development

Más del 80% de los 2,5 millones de recién nacidos
que mueren cada año registran un bajo peso al nacer
Fuente: Organización Mundial de la Salud
Fotografía: advencap

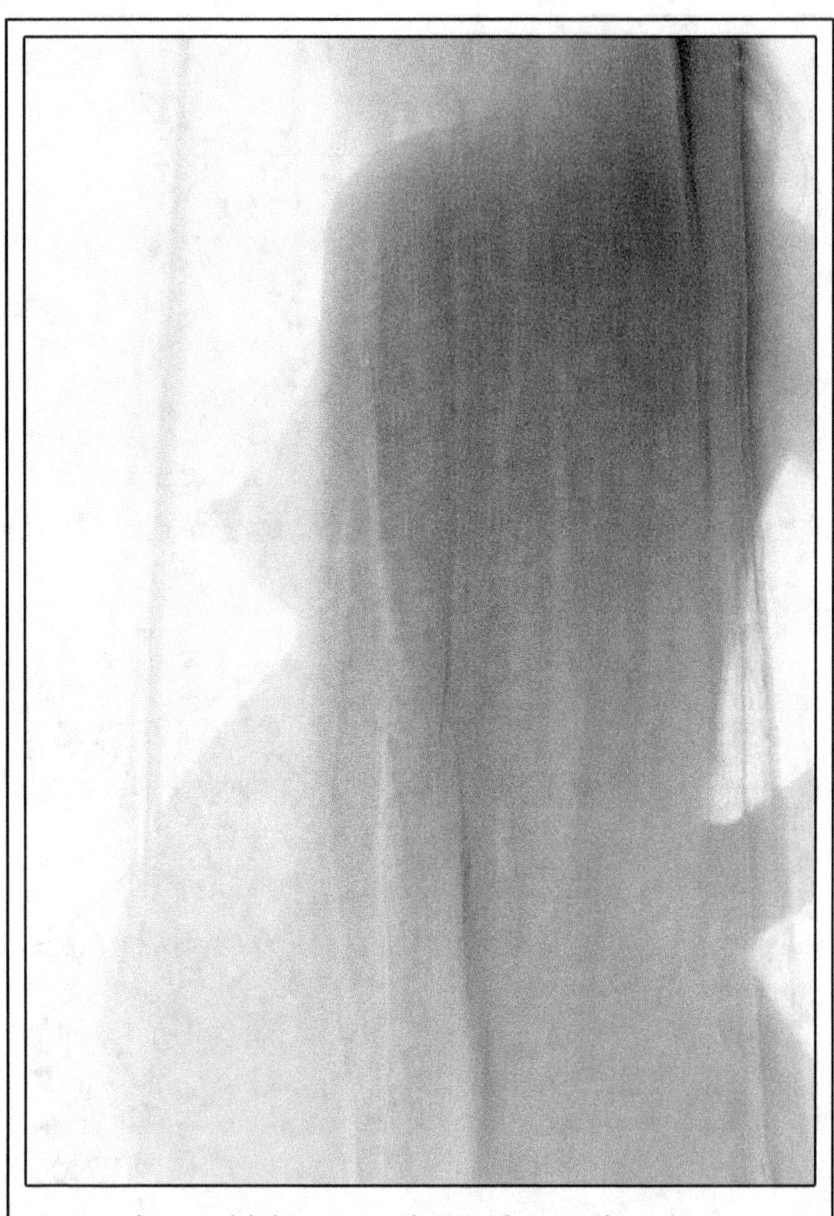

La mortalidad materna es la segunda causa de muerte
de mujeres en edad reproductiva en todo el mundo
Fuente: Organización Mundial de la Salud
Fotografía: Emma Freeman

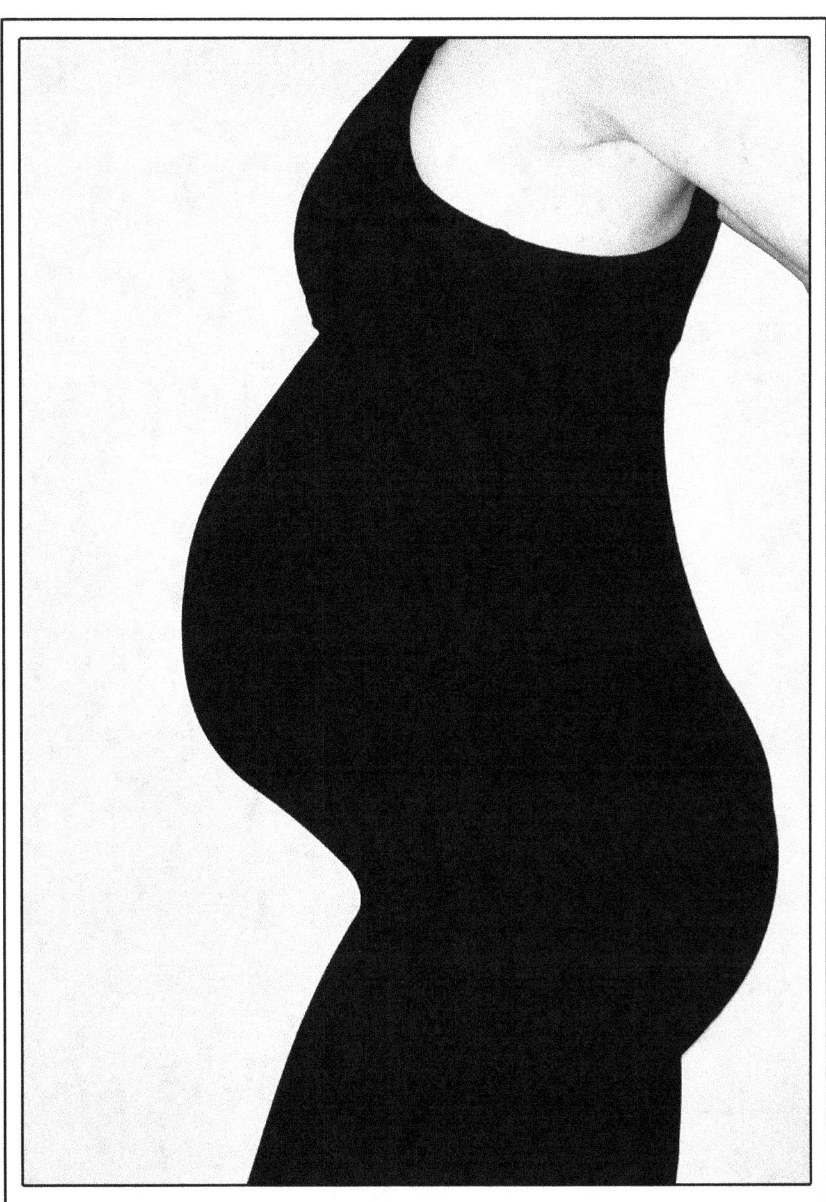

Desde el año 2000, el número de partos por cesárea
casi se ha duplicado
Fuente: The Lancet
Fotografía: Jessica Ellis

La cardiopatía isquémica y el accidente cerebrovascular han sido
las principales causas de mortalidad durante los últimos 15 años
Fuente: Organización Mundial de la Salud
Fotografía: Funk Dooby

El cáncer es la segunda causa de muerte a nivel mundial
Fuente: Organización Mundial de la Salud
Fotografía: A Healthier Michigan

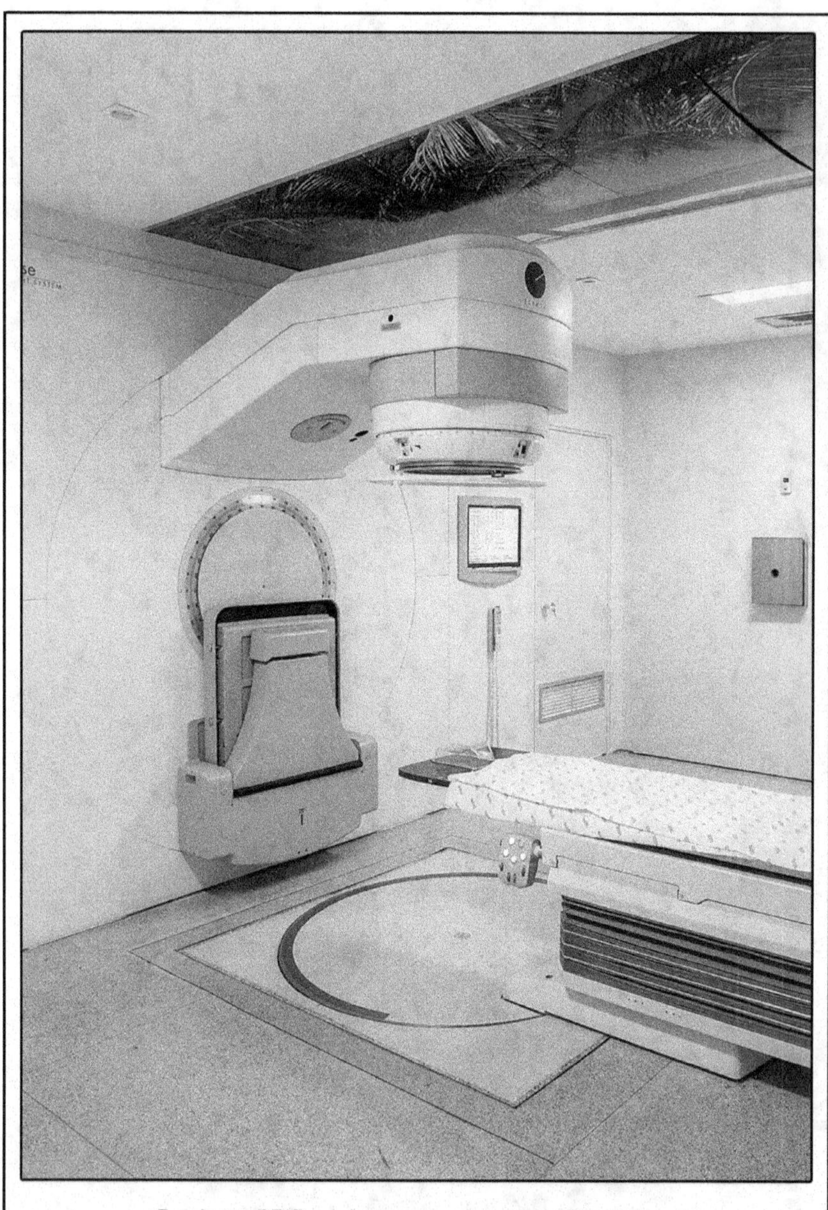

En el año 2018 se diagnosticaron unos 18 millones
de casos de cáncer a nivel mundial
Fuente: World Cancer Research Fund International (WCRF)
Fotografía: Governo do Estado de São Paulo

El número de personas que pasan hambre en el mundo
ha ido aumentando desde el año 2014
Fuente: Naciones Unidas, Informe sobre Desarrollo Sostenido 2019
Fotografía: Feed My Starving Children

La región de Asia-Pacífico alberga a más del 60%
de los más de 2.000 millones de personas en todo el mundo
que padecen malnutrición
Fuente: FAO
Fotografía: Tareq Salahuddin

A nivel mundial, 149 millones de niños menores de cinco años
sufren retraso en el crecimiento (desnutrición crónica)
Fuente: Naciones Unidas, Informe sobre Desarrollo Sostenido 2019
Fotografía: Paul Edgar Pastoral

La deficiencia de micronutrientes
afecta a cerca de 2.000 milllones de personas
Fuente: FAO
Fotografía: Rod Waddington

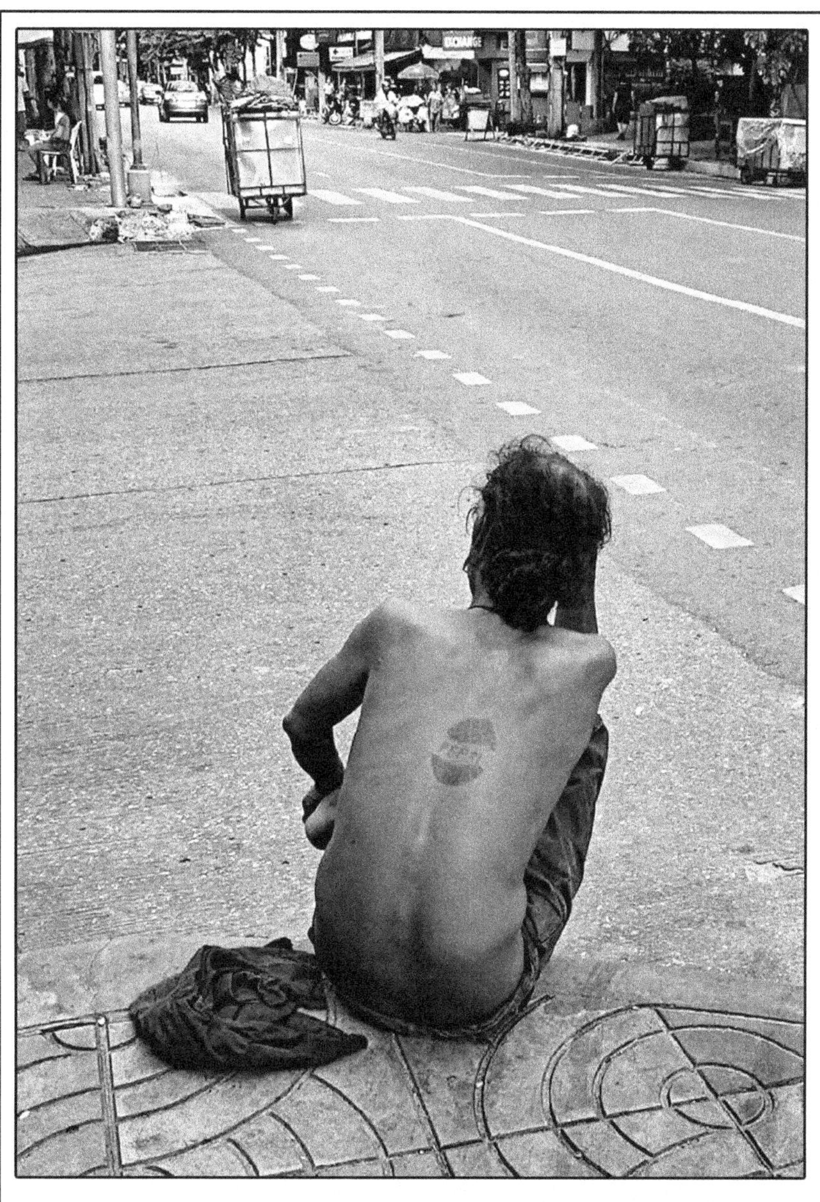

Alrededor de 2.000 millones de personas carecen
de acceso regular a alimentos y nutrientes básicos
Fuente: FAO
Fotografía: AK Rockefeller:

Los alimentos de base animal actualmente aportan
el 39% de la ingesta de proteínas y el 18% de calorías
Fuente: FAO
Fotografía: Bob Nichols, USDA

3.000 millones de personas carecen
de tecnología y energía limpia para cocinar
Fuente: Naciones Unidas, Informe sobre Desarrollo Sostenible, 2019
Fotografía: Ben Grey

Más de 600 millones de personas enferman y 420.000 mueren cada año como consecuencia de ingerir alimentos contaminados con bacterias, virus, parásitos, toxinas y sustancias químicas
Fuente: FAO
Fotografía: Matthew Yglesias

Las dietas deficientes y poco saludables están vinculadas
al 20% de todas las muertes en todo el mundo
Fuente: The Lancet
Fotografía: Hernán Piñera

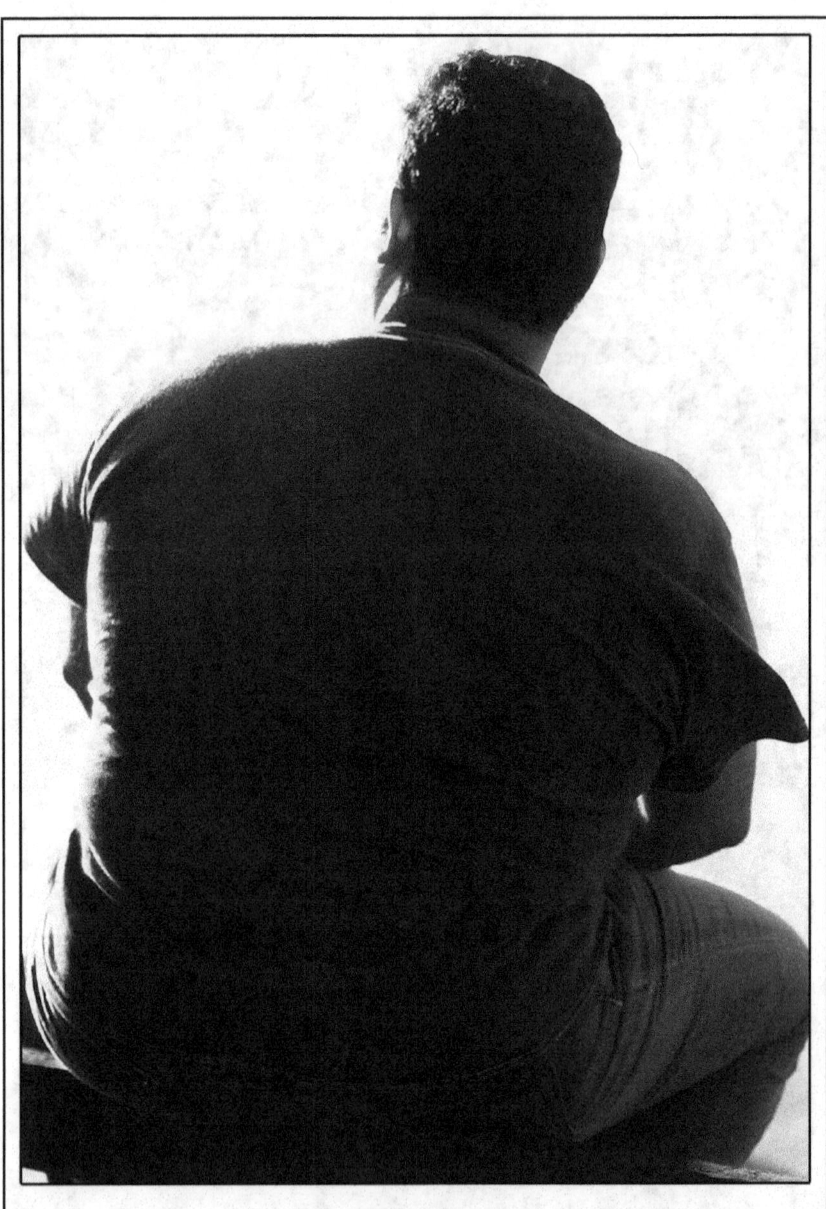

Más de 1,9 millones de adultos mayores de 18 años
tienen sobrepeso
Fuente: Organización mundial de la Salud
Fotografía: GPS

40 millones de niños menores de 5 años
en el mundo tienen sobrepeso
Fuente: Naciones Unidas, Informe sobre Desarrollo Sostenido 2019
Fotografía: Esin Üstün

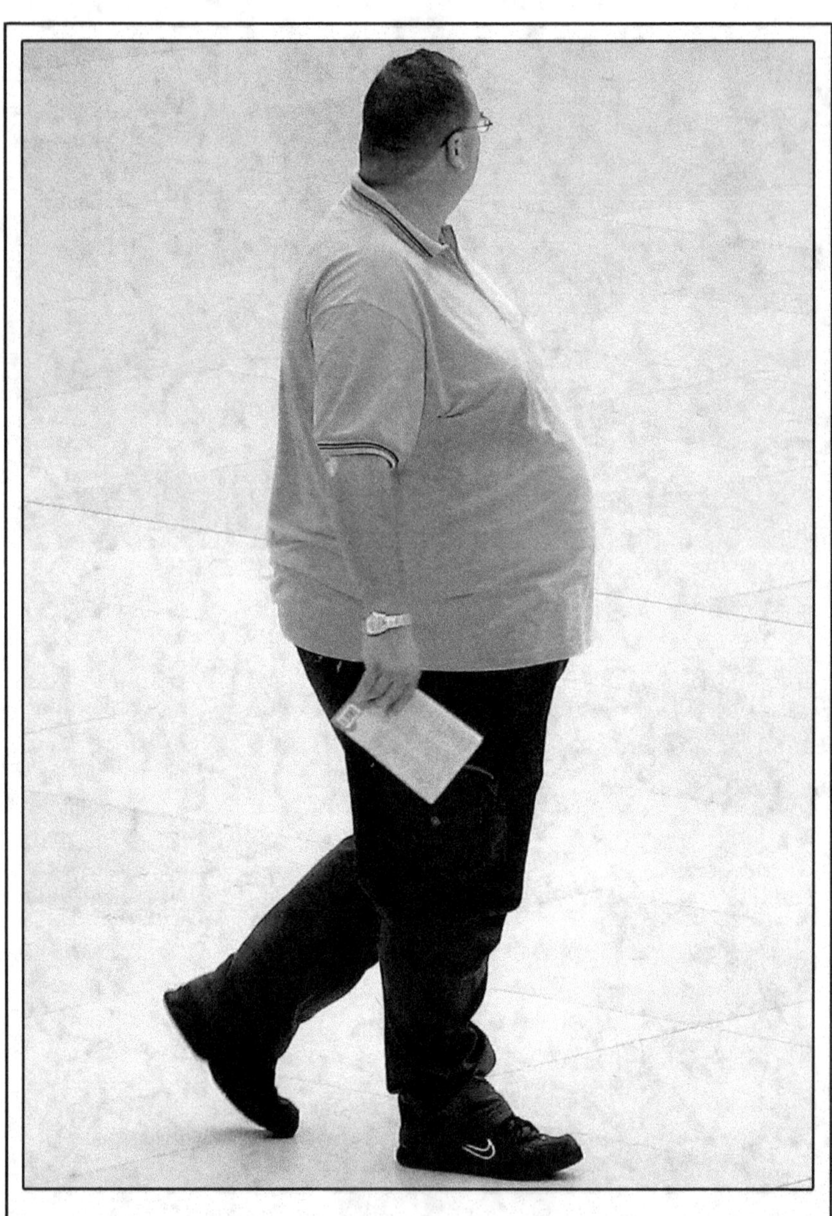

La obesidad casi se ha triplicado a nivel global desde 1975
Fuente: Organización Mundial de la Salud
Fotografía: CGP Grey

El número de personas que padecen diabetes ha pasado
de 108 millones en 1980 a más de 420 millones en la actualidad
Fuente: Organizacion Mundial de la Salud
Fotografía: Tebo Steele

Entre el 60 y el 85% de la población mundial
lleva una vida sedentaria
Fuente: Organización Mundial de la Salud
Fotografía: Bob Dass

Aproximadamente 2 millones de muertes al año
son atribuibles a la inactividad física
Fuente: Organización Mundial de la Salud
Fotografía: Dave Hosford

1.400 millones de adultos no practican ninguna actividad física regular
recomendada para mantener una vida saludable,
y no ha habido mejora en los niveles a escala mundial desde el año 2001
Fuente: Organización Mundial de la Salud
Fotografía: Alexander Mueller

Globalmente, al menos 2.000 millones de personas hacen uso
de una fuente de agua contaminada con residuos fecales
Fuente: Organización Mundial de la Salud
Fotografía: Kandukuru Nagarjun

884 millones de personas no tienen acceso
a fuentes de agua limpia
Fuente: Unión Internacional para la Conservación de la Naturaleza (IUCN)
Fotografía: Rod Waddington

2 de cada 5 personas en todo el mundo no dispone
de un lavamanos corriente con jabón y agua en su hogar
Fuente: Naciones Unidas, Informe sobre Desarrollo Sostenido 2019
Fotografía: Sonia Hoque (REACH)

4.500 millones de personas carecen de acceso
a sistemas de saneamiento seguros
Fuente: Naciones Unidas, Informe sobre Desarrollo Sostenido 2019
Fotografía: Rahul Ingle

2.000 millones de personas carecen
de servicio de recogida de basuras
Fuente: Naciones Unidas, Informe sobre Desarrollo Sostenido 2019
Fotografía: Gauthier Delecroix

3,8 millones de personas fallecen al año como consecuencia
de la exposición al aire de interiores contaminado
Fuente: Organización Mundial de la Salud
Fotografía: Richard Evea

Globalmente, unas 12,6 millones de muertes al año
son atribuibles a entornos poco saludables
Fuente: Organización Mundial de la Salud
Fotografía: Duke Yeh

4,2 millones de personas mueren cada día como consecuencia
de la exposición al aire ambiente contaminado
Fuente: Organizació Mundial de la Salud
Fotografía: Gauthier Delecroix

Hay aproximadamente 1.100 millones de fumadores
en el mundo actualmente
Fuente: Organización Mundial de la Salud
Fotografía: Georgie Pauwels

Cada año, más de 8 millones de personas fallecen
a causa del tabaco
Fuente: Organización Mundial de la Salud
Fotografía: Mathias

1 de cada 4 fumadores crónicos muere
antes de cumplir los 65 años
Fuente: Statistics Netherlands y Netherlands Institute of Mental Health and Addiction
Fotografía: Michael

100 millones de personas murieron
a causa del consumo de tabaco en el siglo XX
Fuente: Sociedad Estadounidense contra el Cáncer (ACS)
Fotografía: TMAB2003

El 38,3% de la población mundial consume alcohol
Fuente: Organización Mundial de la Salud
Fotografía: Karen Roe

El uso nocivo de alcohol ocasiona o agrava
más de 200 enfermedades y trastornos
Fuente: Organización Mundial de la Salud
Fotografía: Steve Banfield

El consumo nocivo de alcohol
causa más de 3,3 millones de muertes al año
Fuente: Organización Mundial de la Salud
Fotografía: Barbara Eckstein

El consumo de alcohol causa
el 5% de las muertes en el mundo
Fuente: Organización Mundial de la Salud
Fotografía: Arty Guerillas

Unos 31 millones personas padecen
trastornos derivados del consumo de drogas
Fuente: Organización Mundial de la Salud
Fotografía: Hernán Piñera

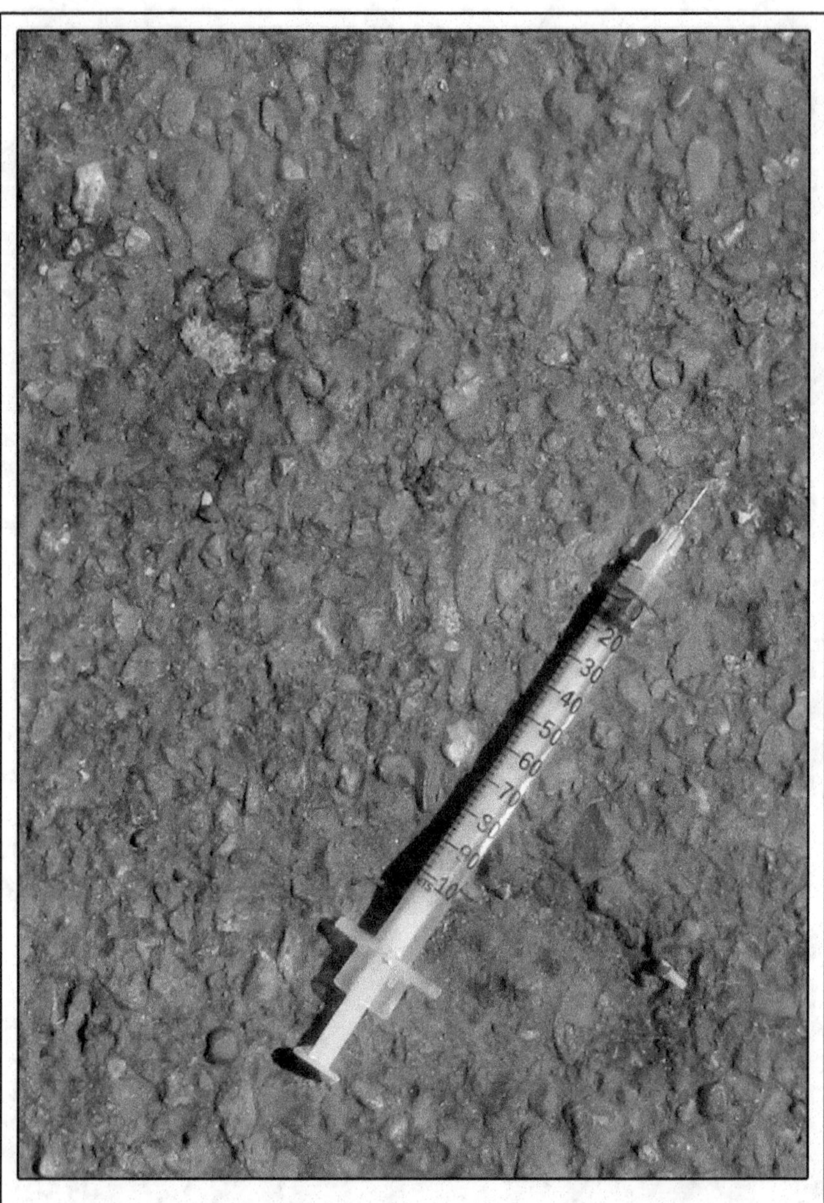

Desde el año 2000, las muertes causadas directamente por
el uso de drogas han aumentado más de un 60% globalmente
Fuente: Oficina de Naciones Unidas contra la Droga y el Delito
Fotografía: torbakhopper

La producción mundial de opio y cocaína
mantiene niveles sin precedentes desde 2017
Fuente: UNODC
Fotografía: Dr. Hans-Günter Wagner

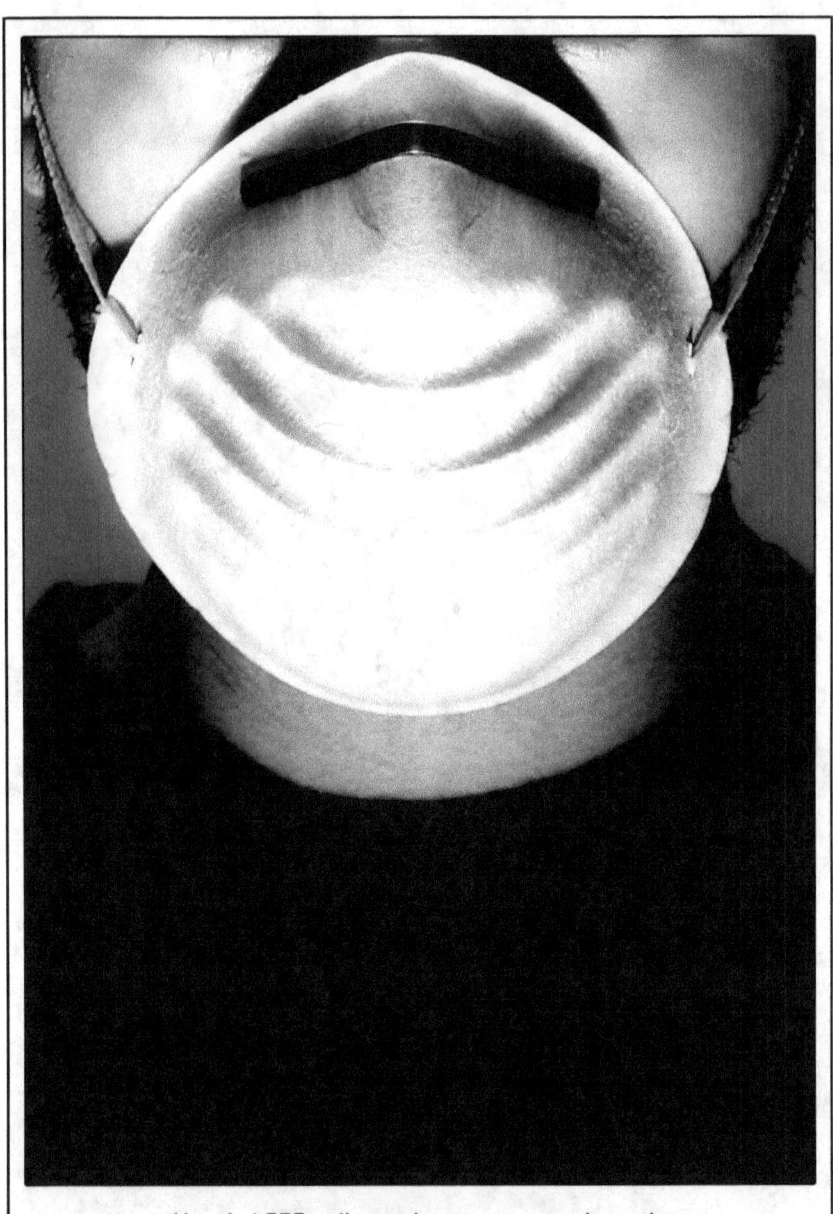

Más de 1.000 millones de personas en el mundo
padecen algún tipo de alergia
Fuente: Academia Europea de Alergia e Inmunología Clínica
Fotografía: B. Rosen

Globalmente, el asma es la enfermedad crónica
más común entre los niños
Fuente: Organización Mundial de la Salud
Fotografía: Clint Budd

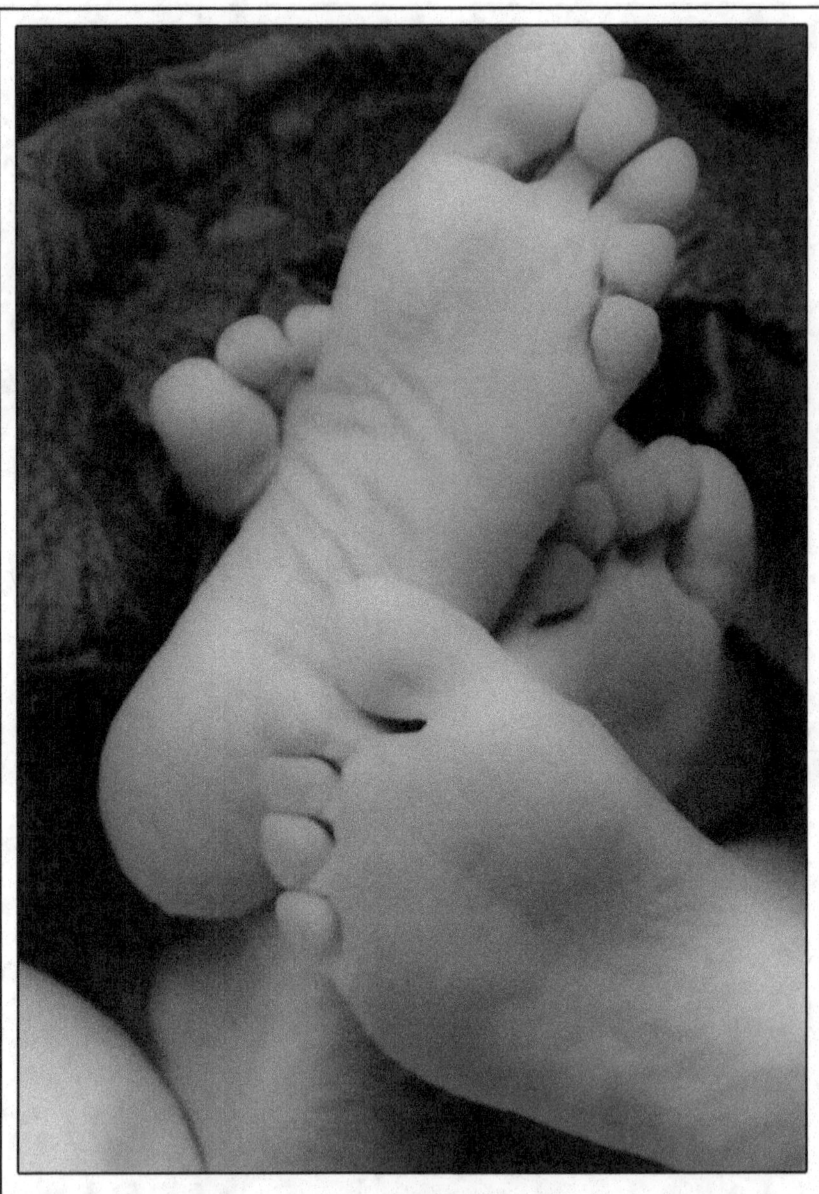

Cada día se producen más de 1 millón de contagios de enfermedades
de transmisión sexual entre personas de 15 a 49 años
Fuente: Organización Mundial de la Salud
Fotografía: TR Haun

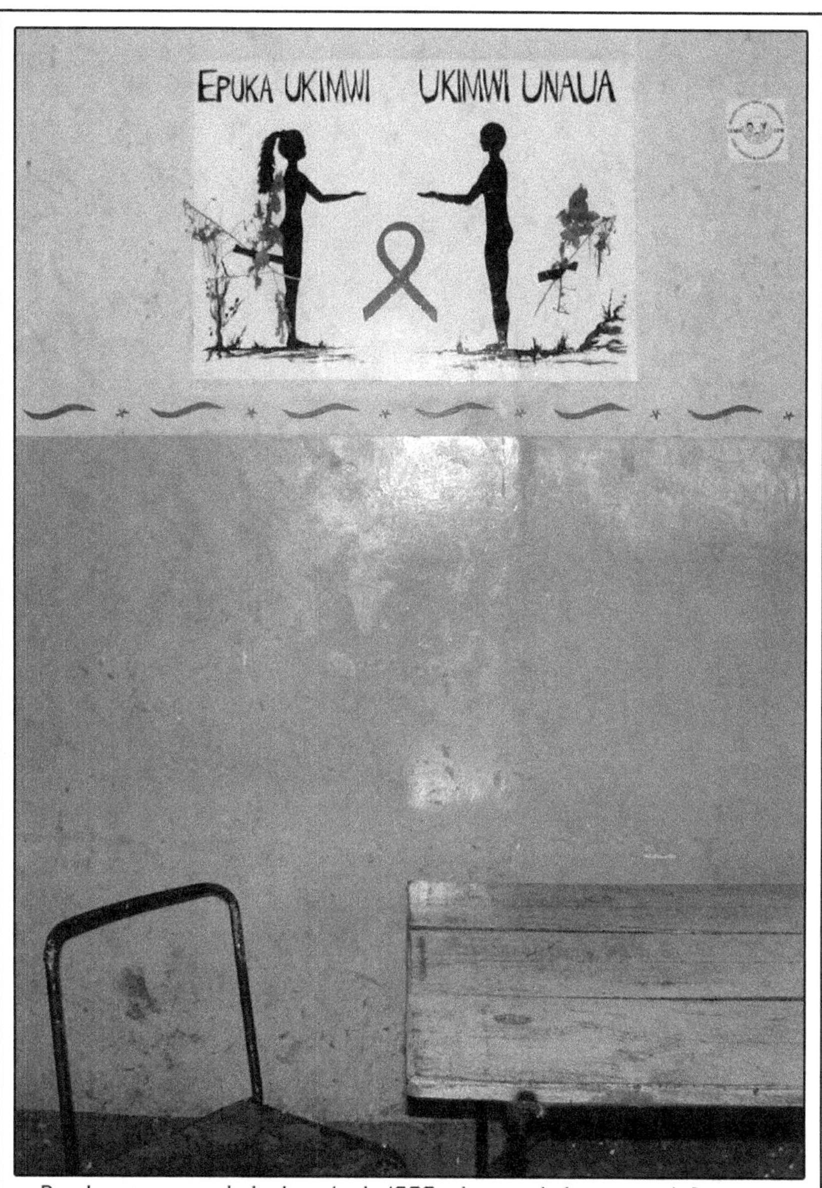

Desde principios de la década de 1980, el virus de la inmunodeficiencia
humana ha causado más de 35 millones de muertes en el mundo,
y cerca de 37 millones de personas viven hoy con el virus
Fuente: Organización Mundial de la Salud
Fotografía: Charlotte Nordahl

Cerca de 1.000 millones de personas en todo el mundo
padecen de apnea del sueño
Fuente: ResMed
Fotografía: Zach Dischner

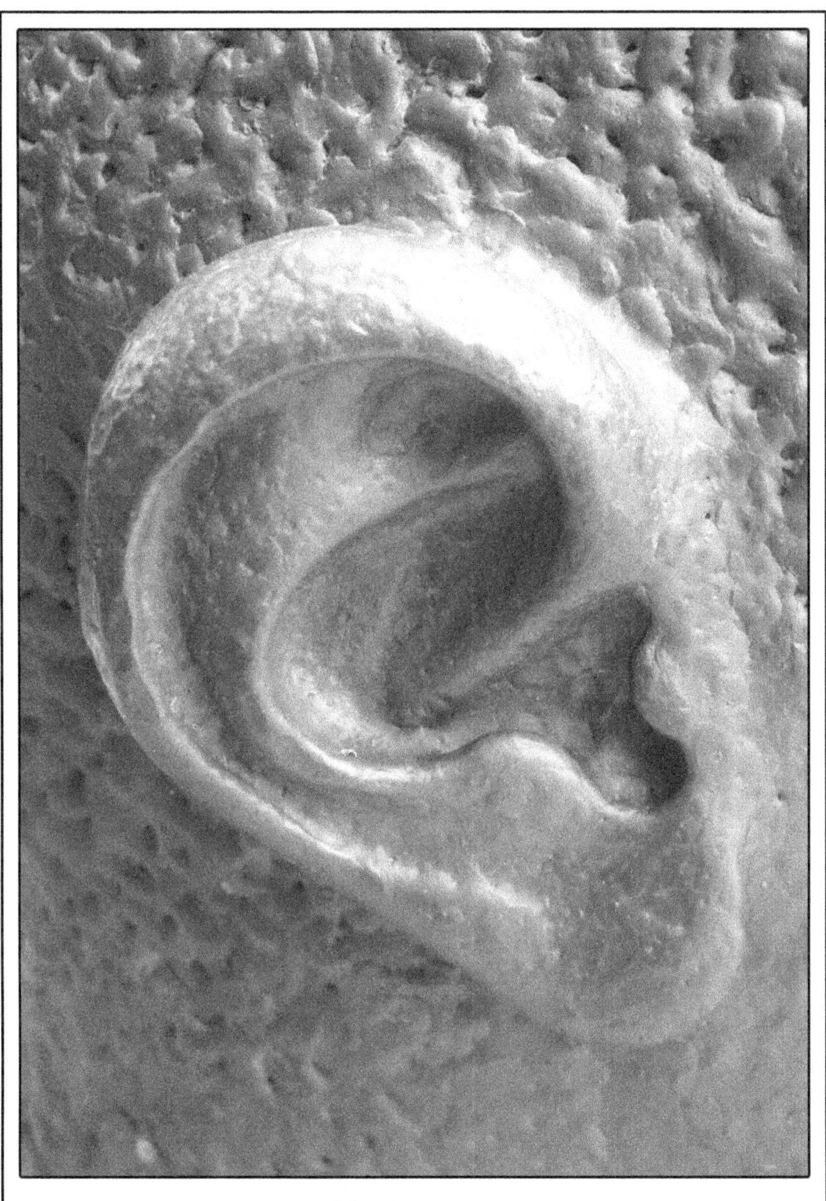

Más de 360 millones de personas
padecen pérdida de audición discapacitante
Fuente: Hearing Health Foundation
Fotografía: Paul J Everett

Los trastornos por ansiedad afectan
a más de 260 millones de personas en el mundo
Fuente: Organización Mundial de la Salud
Fotografía: Jocelyn

6 de cada 10 trabajadores en las principales economías mundiales
experimentan un aumento del estrés laboral
Fuente: The Regus Group
Fotografía: Seth Capitulo

Globalmente, más de 300 millones de personas
de todas las edades padecen depresión
Fuente: Organización Mundial de la Salud
Fotografía: Matthew Miller

Unos 60 millones de personas en el mundo
padecen un trastorno afectivo bipolar
Fuente: Organización Mundial de la Salud
Fotografía: Maria Rantanen

El 58% de los usuarios de teléfonos inteligentes
no pasa más de 1 hora sin usarlo
Fuente: Lookout, Mobile Mindset Study
Fotografía: Ralf Steinberger

Los individuos de entre 15 y 24 años de edad
consultan su teléfono móvil una media de 150 veces al día
Fuente: New York Times
Fotografía: Edna Winti

374 millones de trabajadores
sufren accidentes laborales no mortales al año
Fuente: Organización Internacional del Trabajo
Fotografía: Sergey Norin

2,78 millones de personas mueren cada año
como resultado de la exposición
a los riesgos de seguridad y salud en el trabajo
Fuente: Organización Internacional del Trabajo
Fotografía: Regan Walsh

Los accidentes de tráfico constituyen
la octava causa de muerte a nivel mundial
Fuente: Organización Mundial de la Salud
Fotografía: Rajarshi Mitra

Alrededor de 1.000 millones de personas
(el 15% de la población mundial) tiene alguna discapacidad
Fuente: Organización Internacional del Trabajo
Fotografía: Gauthier Delecroix

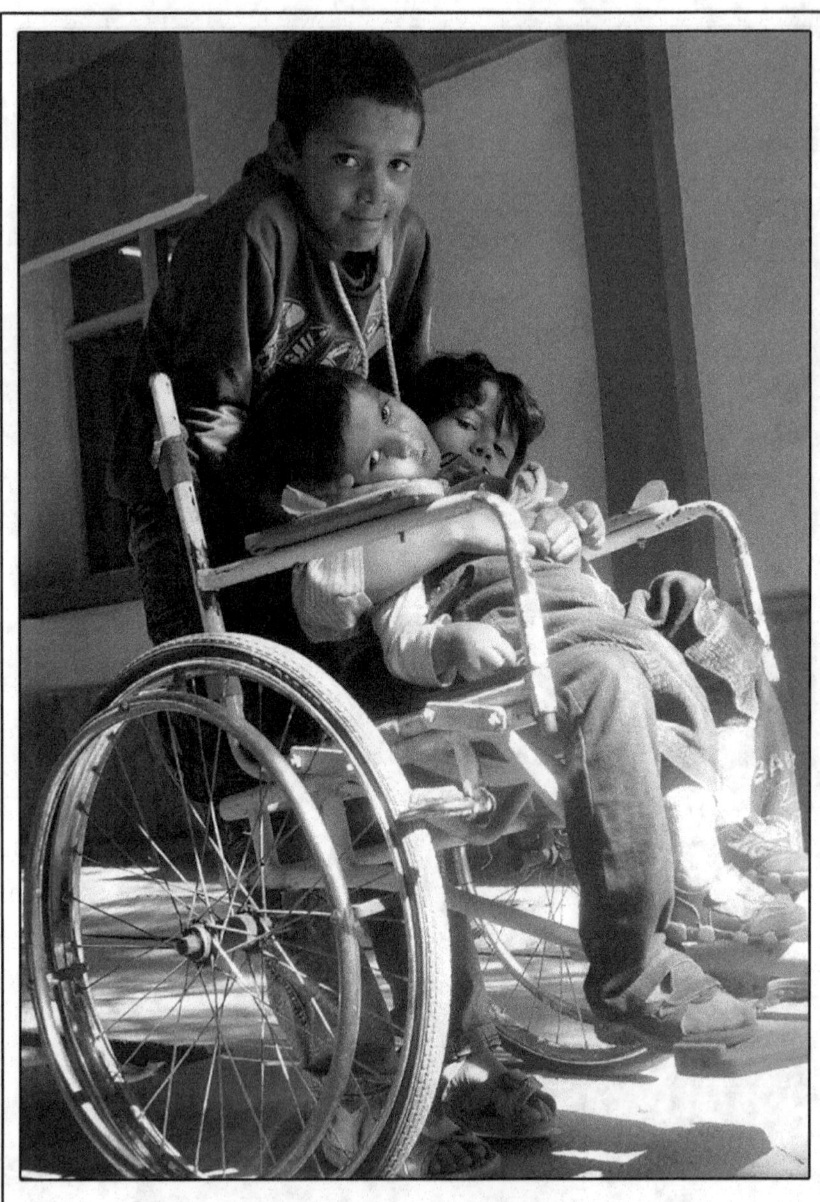

Aproximadamente 93 millones de niños en todo el mundo
padecen algún tipo de discapacidad
Fuente: UNICEF
Fotografía: Kanishka Afshari/FCO/DFID

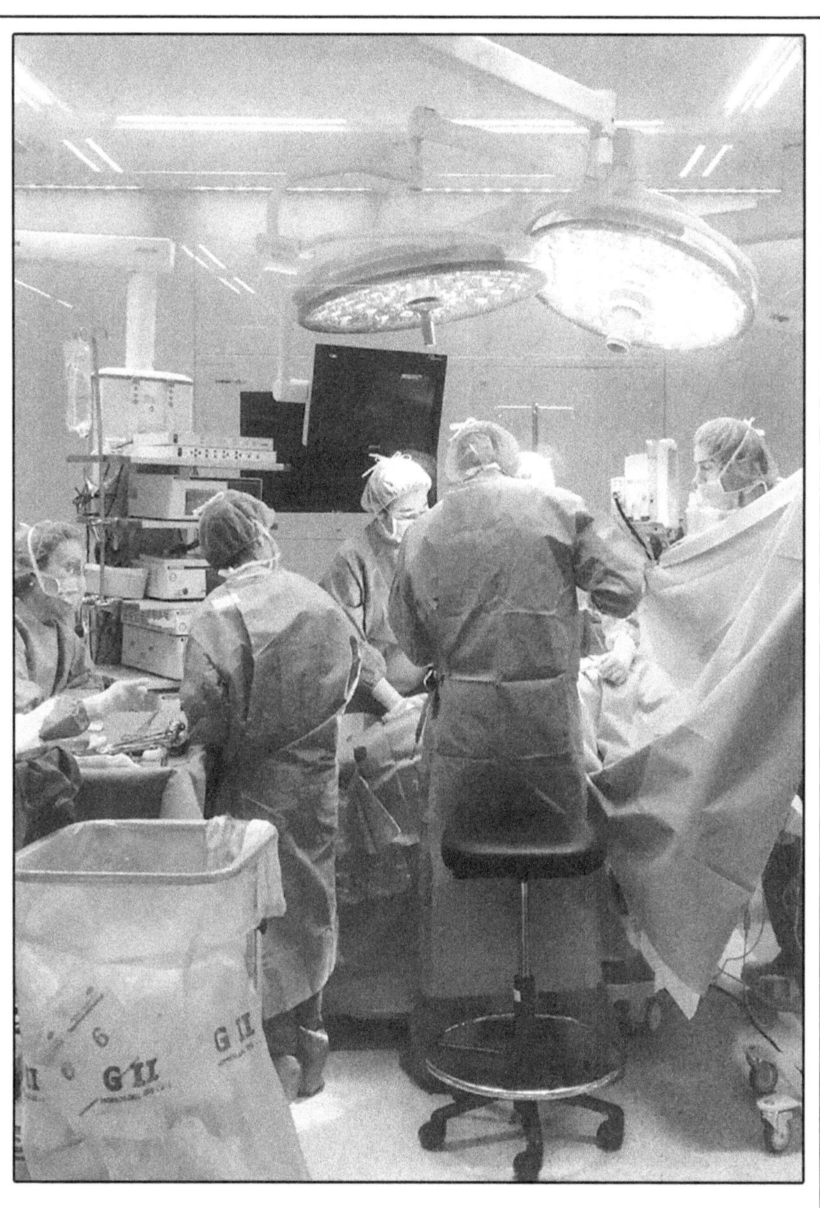

Cada año se practican en todo el mundo
aproximadamente 313 millones de operaciones quirúrgicas
Fuente: The Lancet, Informe Global sobre Cirugía
Fotografía: Eduardo García Cruz

Más de la mitad de la población mundial
no tiene acceso a servicios de salud esenciales
Fuente: Naciones Unidas, Informe sobre Desarrollo Sostenido 2019
Fotografía: Sgt. James D. Sims, U.S. Army Africa

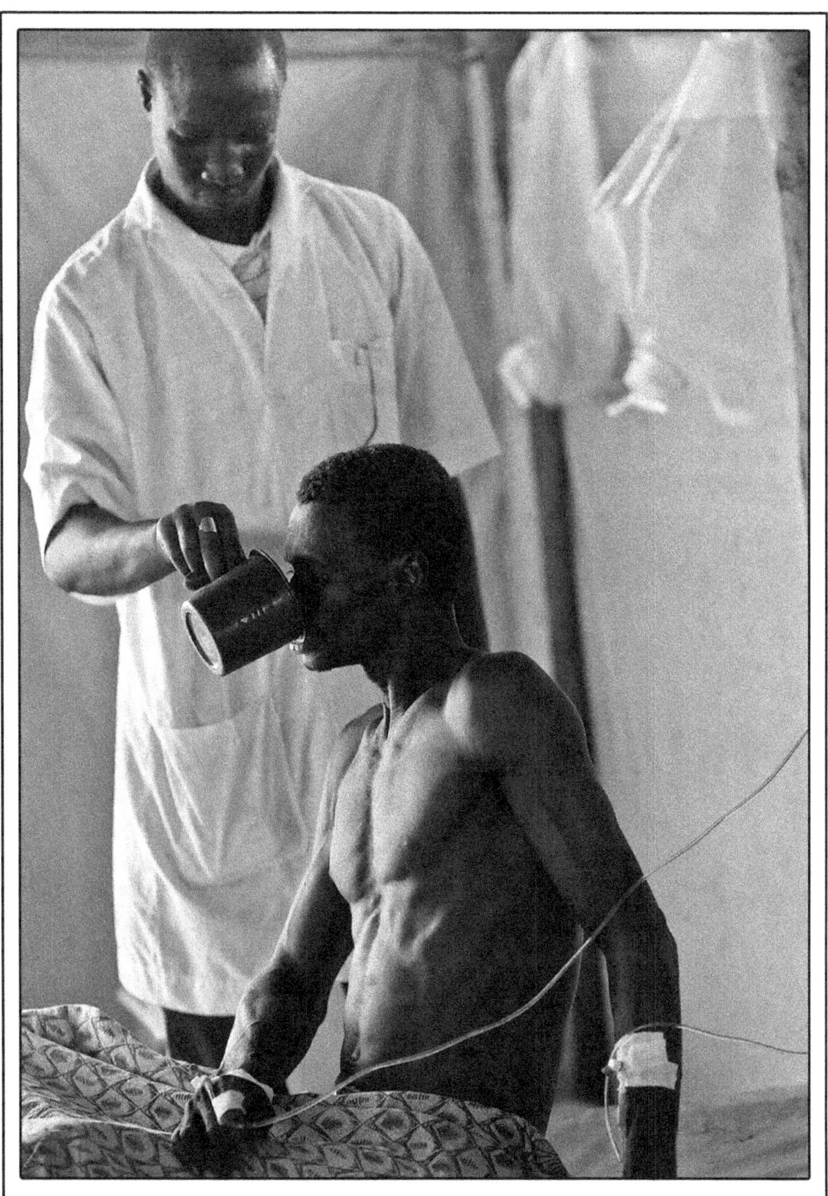

Cerca del 40% de los países del mundo
cuenta con menos de 10 doctores por cada 10.000 habitantes
Fuente: Naciones Unidas, Informe sobre Desarrollo Sostenido 2019
Fotografía: Sean Smith, EU Civil Protection and Humanitarian Aid

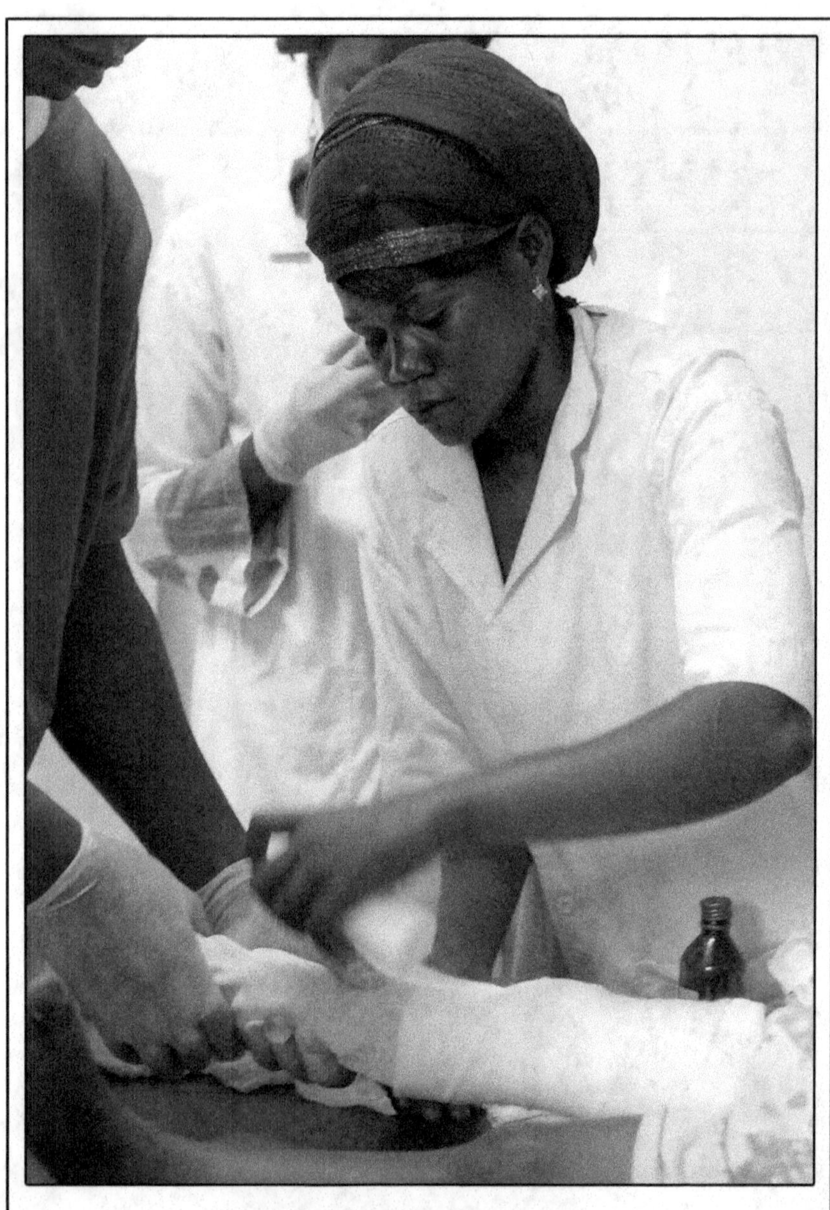

Más del 70% de los empleos sanitarios
son desempeñados por mujeres
Fuente: Organización Mundial de la Salud
Fotografía: Andrea Merritt

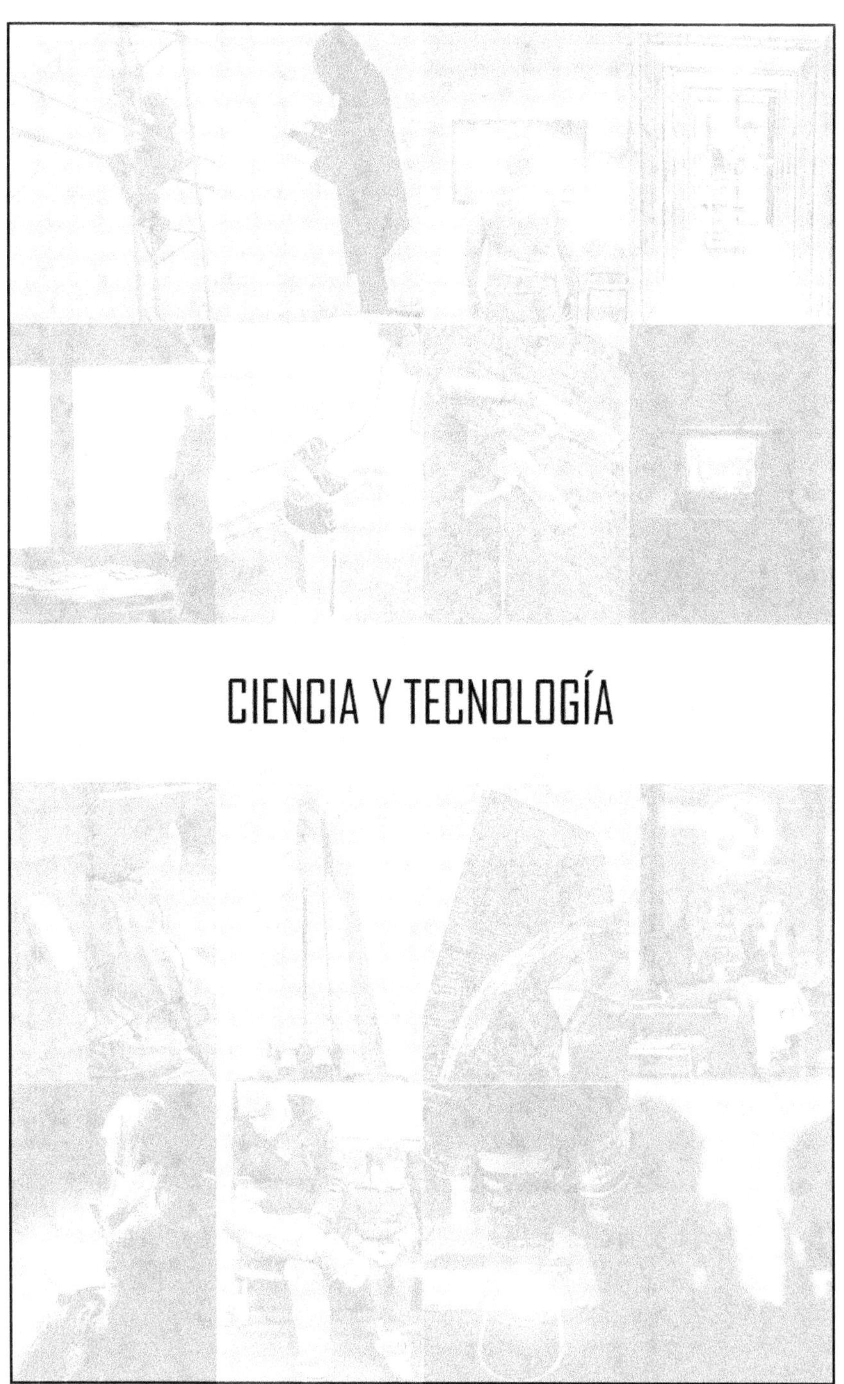

CIENCIA Y TECNOLOGÍA

La capacidad de almacenamiento de información prácticamente
se ha duplicado cada 40 meses desde la década de 1980
Fuente: Naciones Unidas, Informe sobre Desarrollo Sostenido 2019
Fotografía: Jeremy Keith

El 90% de la información digital que existe en el mundo
se ha creado durante los 2 últimos años
Fuente: Naciones Unidas, Informe sobre Desarrollo Sostenido 2019
Fotografía: OIST

Las redes de conexion a internet de tecnología 3G o superiores
llegan a más del 90% de la población mundial
Fuente: Unión Internacional de Telecomunicaciones
Fotografía: oneVillage Initiative

A finales de 2018, los usuarios de internet ascendían a
3.900 millones de personas (el 51,2% de la población mundial)
Fuente: Unión Internacional de Telecomunicaciones
Fotografía: Paulo Otávio

El 96% de la población vive ahora dentro del alcance
de una red celular de telefonía móvil
Fuente: Unión Internacional de Telecomunicaciones
Fotografía: Kecko

El número de usuarios de teléfonos móviles
superó los 5.130 millones de personas en 2018
Fuente: GSMA Intelligence
Fotografía: Kevin Dooley

Cada año se producen
más de 1.400 millones de teléfonos inteligentes
Fuente: TrendForce
Fotografía: Bastian Schmidt

La proporción de mujeres que hacen uso de internet es
un 12% menor que la proporción de usuarios masculinos
Fuente: Unión Internacional de Telecomunicaciones
Fotografía: Derek Midgley

La proporción de jóvenes de 15 a 24 años que usan internet (70%)
es significativamente más alta que la proporción
de la población total que usa la red (48%)
Fuente: Unión Internacional de Telecomunicaciones
Fotografía: John Ragai

En 104 países, más del 80% de la juventud
se conecta a internet de manera asidua
Fuente: Unión Internacional de Telecomunicaciones
Fotografía: Stefan Kamer

Cerca del 58% del tráfico de internet
es para descarga o visualización de vídeo
Fuente: Sandvine, Global Internet Phenomena Report
Fotografía: Andres Rodriguez

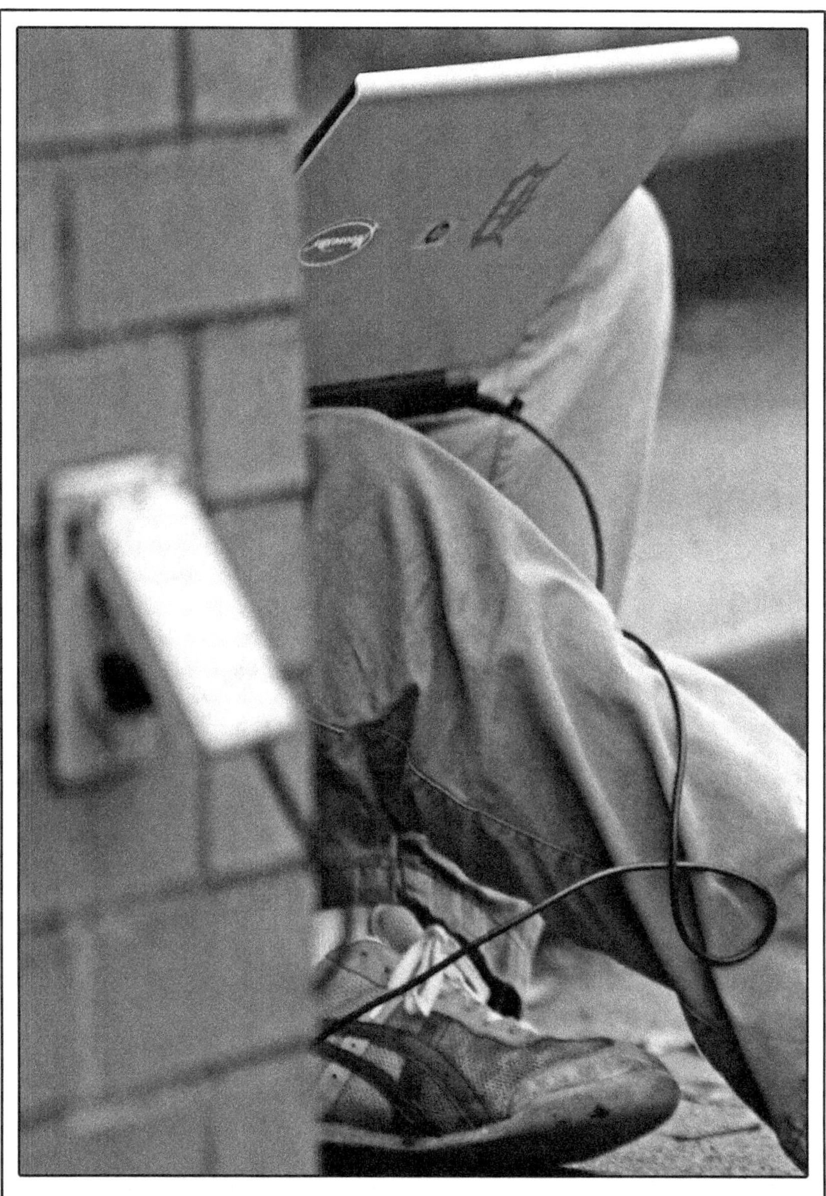

Hasta 594 millones de personas en todo el mundo son víctimas
del crimen informático cada año
Fuente: Centro de Estudios Estratégicos e Internacionales (CSIS)
Fotografía: Ian Sane

El coste estimado del crimen informático para la economía
global asciende a unos 445.000 millones de dólares al año
Fuente: McAfee y Centro de Estudios Estratégicos e Internacionales (CSIS)
Fotografía: Ed Ivanushkin

1/4 de la población mundial
realizó compras de productos en internet en 2018
Fuente: UNCTAD
Fotografía: hypothetical_E

Desde principios de siglo, el número de parejas
que se conocen en internet se ha más que duplicado,
representando ya 1 de cada 5
Fuente: Universidad Stanford
Fotografía: Kai Schreiber

Hay unos 2.300 millones de usuarios activos
de videojuegos en el mundo
Fuente: Computer & Communications Industry Association (CCIA)
Fotografía: Sergey Galyonkin

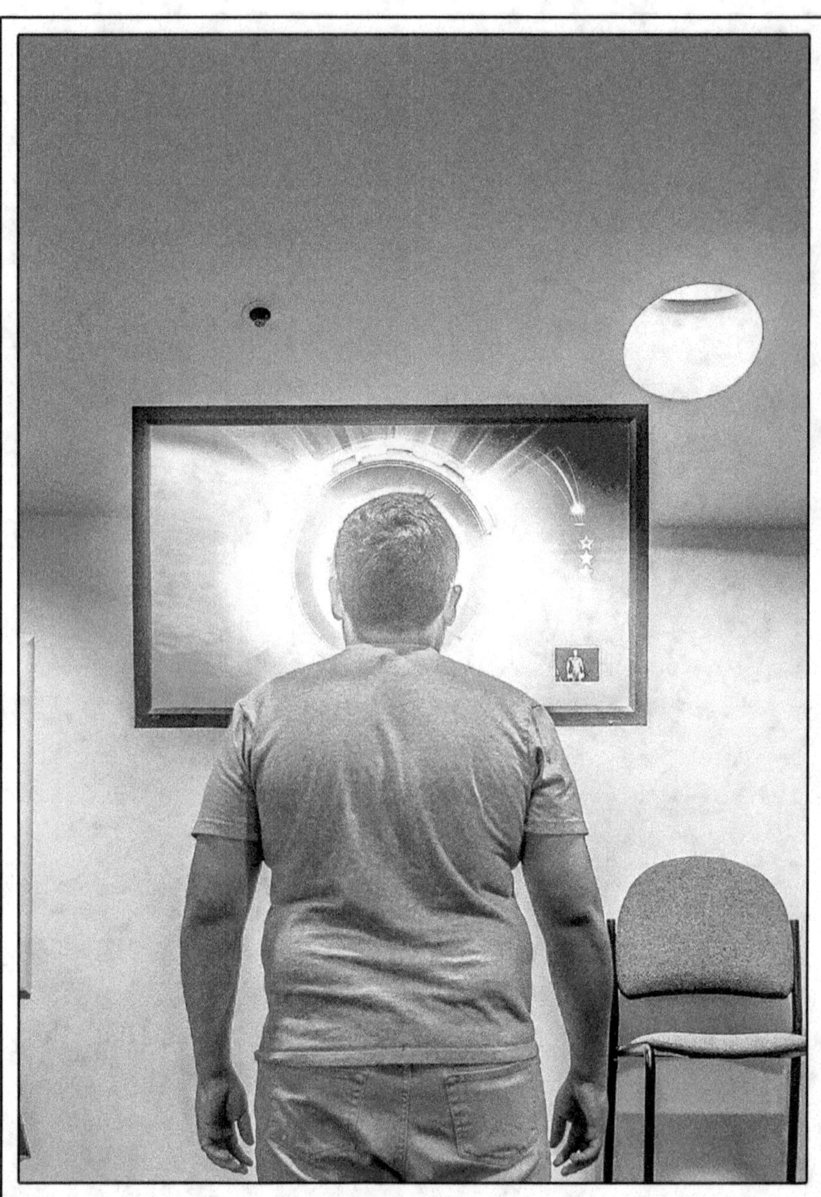

La audiencia de deportes electrónicos y otro contenido relativo
a videjuegos asciende a más de 850 millones de personas
Fuente: Computer & Communications Industry Association (CCIA)
Fotografía: Sergey Galyonkin

El número estimado de usuarios suscritos a servicios
de música de pago rondaba los 255 millones a finales de 2018
Fuentee: IFPI, Informe Global de Música 2018
Fotografía: Sigfrid Lundberg

El 66% de las personas usa su teléfono inteligente
para acceder a las noticias
Fuente: Digital News Report 2019
Fotografía: Daniel Steuri

China lidera el mercado mundial de robótica
desde el año 2013
Fuente: Federación Internacional de Robótica
Fotografía: Mitch Altman

Hay más de 2.000 satélites operativos
orbitando la Tierra en la actualidad
Fuente: Union of Concerned Scientists (UCS)
Fotografía: NASA/VAFB

Aproximadamente 1.630 millones de hogares en todo el mundo
contaban con al menos un aparato de televisión en 2017
Fuente: Digital TV Research
Fotografía: Rosa Menkman

Más del 20% de todas las cámaras de videovigilancia
que existen en el mundo están conectadas a internet
Fuente: IHS
Fotografía: Lars Plougmann

La inversión global en investigación y desarrollo pasó
de 739.000 millones de dólares en el año 2000
a 2 billones de dólares en 2016
Fuente: Naciones Unidas, Informe sobre Desarrollo Sostenido 2019
Fotografía: Magdalena Wiklund

El número de mujeres que escogen estudios y carreras
de tecnología ha disminuido globalmente desde la década de 1980
Fuente: #eSkills4Girls
Fotografía: Barney Moss

ECONOMÍA

El PIB nominal mundial
ascendió a 84,8 billones de dólares en 2018
Fuente: Banco Mundial
Fotografía: DocChewbacca

Los 4 países más ricos del mundo representan en conjunto
más del 50% del total de la economía mundial
Fuente: Foro Económico Mundial
Fotografia: Miguel Discart

Existen más de 40.000 corporaciones transnacionales
en todo el mundo
Fuente: Global Justice Now
Fotografía: Sergei F

Las 10 mayores corporaciones del mundo obtienen un beneficio
mayor que los 180 países menos ricos juntos
Fuente: Global Justice Now
Fotografía: Julien Chatelain

De las 100 mayores entidades económicas del mundo,
69 son corporaciones y solo 31 son países
Fuente: Global Justice Now
Fotografía: Dun.can

Entre los años 2000 y 2018 se anunciaron más de 790.000
transacciones de fusión y adquisición corporativa a nivel mundial,
cuyo valor total superó los 57 billones de dólares
Fuente: Institute for Mergers, Acquisitions and Alliances (IMMA)
Fotografía: See-ming Lee

Los individuos que forman el 1% más adinerado del mundo
han acaparado el doble del crecimiento económico
que el 50% de la población menos rica desde 1980
Fuente: Oxfam Internacional
Fotografía: Daryl Mitchell

La riqueza de los milmillonarios ha aumentado
en un promedio anual del 13% desde 2010,
6 veces más que los salarios de los trabajadores comunes
Fuente: Oxfam Internacional
Fotografía: Jim Legans, Jr

El 82% de toda la riqueza creada en 2017 acabó en manos
del 1% más rico de la población, mientras que
el 50% de la población con menos recursos no obutvo ningún aumento
Fuente: Oxfam Internacional
Fotografía: Kurtis Garbutt

Aproximadamente 2/3 de toda la riqueza de los milmillonarios
es producto de herencias, monopolios y nepotismo
Fuente: Oxfam Internacional
Fotografía: bradhoc

En los próximos 20 años, 500 de las personas más ricas
del mundo pasarán a sus herederos unos 2,4 billones de dólares
Fuente: Oxfam Internacional
Fotografía: Martin Abegglen

Al menos el 10% del PIB mundial
está depositado en bancos extraterritoriales
Fuente: Oficina Nacional de Investigación Económica (NBER)
Fotografía: Matthew Straubmuller

Entre 21 y 32 billones de dólares de riqueza financiera privada global
se encuentra exenta de impuestos o con un tipo impositivo bajo
en jurisdicciones que ofrecen secreto bancario
Fuente: Tax Justice Network
Fotografía: TaxRebate.org.uk

Únicamente 4 céntimos por cada dólar de contribución fiscal
proviene de impuestos a la riqueza
Fuente: Oxfam Internacional
Fotografía: Tim Sackton

Las arcas públicas de los gobiernos del mundo dejan de ingresar
aproximadamente 500.000 millones de dólares
debido a las técnicas de elusión fiscal empleadas por las multinacionales
Fuente: Tax Justice Network
Fotografía: Louis Bavent

El número global de trabajadores en 2018 superó los 3.200
millones de personas, con una tasa de desempleo del 5,38%
Fuente: Organización Internacional del Trabajo
Fotografía: Monika Bota

2.000 millones de personas trabajan en el sector informal
sin la protección de un empleo asalariado estable
Fuente: Organización Internacional del Trabajo
Fotografía: Adam Jones

El 93% del empleo informal
se encuentra en países emergentes y en vías de desarrollo
Fuente: Organización Internacional del Trabajo
Fotografía: Adam Jones

Representando menos del 40% del empleo remunerado global,
las mujeres concentran el 57% de los contratos a tiempo parcial
Fuente: Organización Internacional del Trabajo
Fotografía: digitalpimp

Las mujeres conforman el 80%
de los más de 67 millones de empleos domésticos
Fuente: Organización Internacional del Trabajo
Fotografía: chubstock

El empleo vulnerable afecta globalmente a alrededor del 42%
de los trabajadores (o 1.400 millones)
Fuente: Organización Internacional del Trabajo
Fotografía: Carl Campbell

Alrededor del 70% de los trabajadores carecen de cobertura
de un seguro en caso de enfermedades y lesiones laborales
Fuente: Oranización Mundial de la Salud
Fotografía: Rod Waddington

Globalmente, únicamente el 21,8% de los trabajadores desempleados
dispone de la cobertura de prestaciones por desempleo,
mientras que 152 millones de desempleados carecen del subsidio
Fuente: Organización Internacional del Trabajo
Fotografía: John Henderson

La tasa de desempleo juvenil mundial (12%) es 3 veces mayor
que la tasa de desempleo de los adultos (4%)
Fuente: Organización Internacional del Trabajo
Fotografía: Ian Livesey

El salario medio real solo aumentó un 9%
en los países desarrollados entre 1999 y 2017
Fuente: Organización Internacional del Trabajo
Fotografía: Sascha Kohlmann

Globalmente, la cuota de los ingresos de las naciones
destinada a la remuneración de los trabajadores
ha mostrado una tendencia a la baja desde 2004
Fuente: Naciones Unidas, Informe sobre Desarrollo Sostenido 2019
Fotografía: Mark McNestry

Más del 80% de los países no dispone de suficientes fondos
para cumplir con los objetivos nacionales
de agua, saneamiento e higiene
Fuente: Naciones Unidas, Informe sobre Desarrollo Sostenido 2019
Fotografía: Department of Foreign Affairs and Trade

Más de 780 millones de personas viven por debajo del umbral
de pobreza internacional con menos de 1,90 dólares al día
Fuente: Naciones Unidas
Fotografía: Oskari Kettunen

26 de los 27 países más pobres están en África, un continente
que alberga a más de la mitad de los pobres del mundo
Fuente: Banco Mundial
Fotografía: Krisztian Elek

La mitad más pobre del mundo
subsiste con menos de 5,50 dólares al día
Fuente: Banco Mundial
Fotografía: Bastian Greshake Tzovaras

Casi la mitad de los 900 millones de personas
que subsisten con menos de 1,90 dólares al día son niños
Fuente: Naciones Unidas, Informe sobre Desarrollo Sostenido 2019
Fotografía: Rod Waddington

Más de 200 millones de jóvenes están desempleados
o tienen un trabajo pero viven en condiciones de pobreza
Fuente: Organización Internacional del Trabajo
Fotografía: jmettraux

El 80% de las personas que subsiten en condiciones
de pobreza extrema residen en zonas rurales
Fuente: Naciones Unidas, Informe sobre Desarrollo Sostenido 2019
Fotografía: Rod Waddington

2/3 de los trabajadores que viven en condiciones
de pobreza extrema son trabajadores agrícolas
Fuente: Naciones Unidas, Informe sobre Desarrollo Sostenido 2019
Fotografía: Rod Waddington

Un 8% de trabajadores y sus familias en todo el mundo
viven en condiciones de pobreza extrema
Fuente: Naciones Unidas, Informe sobre Desarrollo Sostenido 2019
Fotografía: Aravindan Ganesan

Los accidentes laborales fatales y no fatales
y las bajas por enfermedad
le cuestan a la economía mundial alrededor del 4% del PIB
Fuente: Organización Internacional del Trabajo
Fotografía: Ian Livesey

4.000 millones de personas en todo el mundo
carecen de cobertura de prestaciones sociales
Fuente: Organización Internacional del Trabajo
Fotografía: Georg Rafisch

El 30% de los residentes urbanos a nivel mundial
carece de acceso a servicios básicos o cobertura social
Fuente: ONU Medio Ambiente
Fotografía: Julien Belli

El 68% de las personas en edad de jubilación
recibe algún tipo de pensión
Fuente: Naciones Unidas, Informe sobre Desarrollo Sostenido 2019
Fotografía: Nicola Romagna

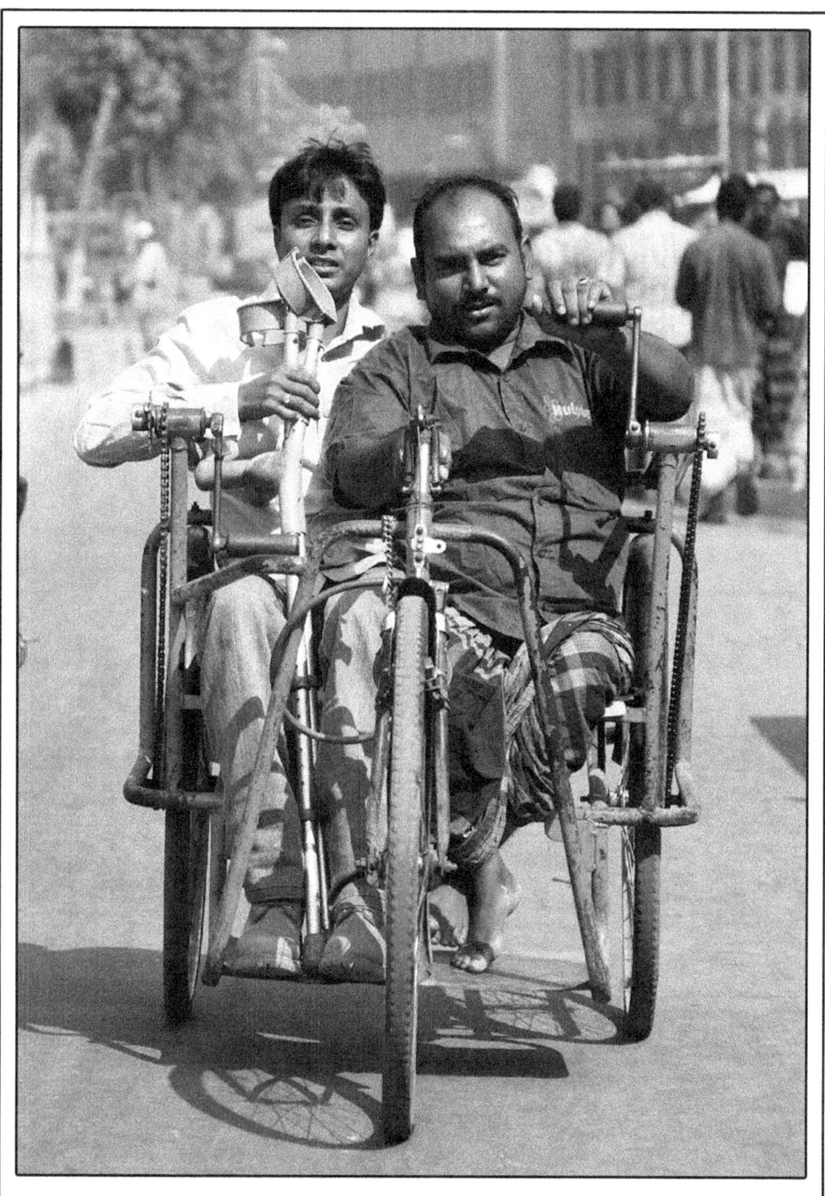

Solo el 28% de las personas con discapacidad severa
recibe algún tipo de subvención económica
Fuente: Naciones Unidas, Informe sobre Desarrollo Sostenido 2019
Fotografía: Andy Isaacson (DFAT)

Solo el 41% de las mujeres con recién nacidos
recibe alguna prestación por maternidad
Fuente: Naciones Unidas, Informe sobre Desarrollo Sostenido 2019
Fotografía: m-bot

1 de cada 4 residentes urbanos
vive en barrios marginales
Fuente: Naciones Unidas, Informe sobre Desarrollo Sostenido 2019
Fotografía: Thomas Leuthard

Hay alrededor de 150 millones
de migrantes laborales en todo el mundo
Fuente: FAO
Fotografía: Lance Cheung

La productividad industrial en Europa y Estados Unidos
es 43 veces mayor que la de los países menos desarrollados
en términos de valor agregado de fabricación
Fuente: Naciones Unidas, Informe sobre Desarrollo Sostenido 2019
Fotografía: SBT4NOW

El 1% de las tierras de cultivo tienen más de 50 hectáreas,
y controlan el 65% del espacio agrícola mundial
Fuente: Oxfam Internacional
Fotografía: Markus Trienke

La industria agrícola contribuye
con un 3% al PIB global
Fuente: Foro Económico Mundial
Fotografía: Rain Moth Gallery

4 compañías abarcan el 70% de los ingresos comerciales
de productos agrícolas a nivel mundial
Fuente: Oxfam Internacional
Fotografía: Nick Harris

Entre 1971 y 2016, la producción de los principales cultivos
(trigo, arroz, maíz y soja)
aumentó en un 116%, 133%, 238% y 634% respectivamente
Fuente: FAO
Fotografía: Łukasz Lech

La producción anual de cereales
supera los 2,5 millones de toneladas
Fuente: FAO
Fotografía: Bryon Lippincott

3 conglomerados dominan casi el 60% de la facturación mundial
de semillas comerciales y productos químicos agrícolas
Fuente: Oxfam Internacional
Fotografía: Mike Lewinski

50 fabricantes acaparan la mitad
de las ventas mundiales de productos alimentarios
Fuente: Oxfam Internacional
Fotografía: Marco Verch

La producción anual de café a nivel mundial
está estimada en unos 168,77 millones de sacos
Fuente: Organización Internacional del Café (OIC)
Fotografía: Dennis Tang

La pesca y la acuicultura contribuye a la economía global
con unos 260 millones de puestos de trabajo
Fuente: Naciones Unidas
Fotografía: Aileen Devlin, Virginia Sea Grant

Alrededor del 97% de los pescadores del mundo
se encuentra en países en vías de desarrollo
Fuente: Naciones Unidas
Fotografía: Benh Lieu Song

La economía global basada en los océanos está valorada
en 3 billones de dólares, o cerca de un 5% del PIB mundial
Fuente: Naciones Unidas
Fotografía: tetedelart1855

**Más del 90% del comercio entre países
depende del transporte marítimo**
Fuente: Naciones Unidas
Fotografía: Daniel Ramírez

La producción de ropa casi se duplicó
durante los primeros 15 años del siglo XXI,
superando ahora los 100.000 millones de prendas anuales
Fuente: Fundación Ellen MacArthur
Fotografía: Sajjad Khaksari

El valor económico de la industria química
equivale al 7,1% del PIB mundial
Fuente: Consejo Europeo de la Industria Química (CEFIC)
Fotografía: Michael Staats

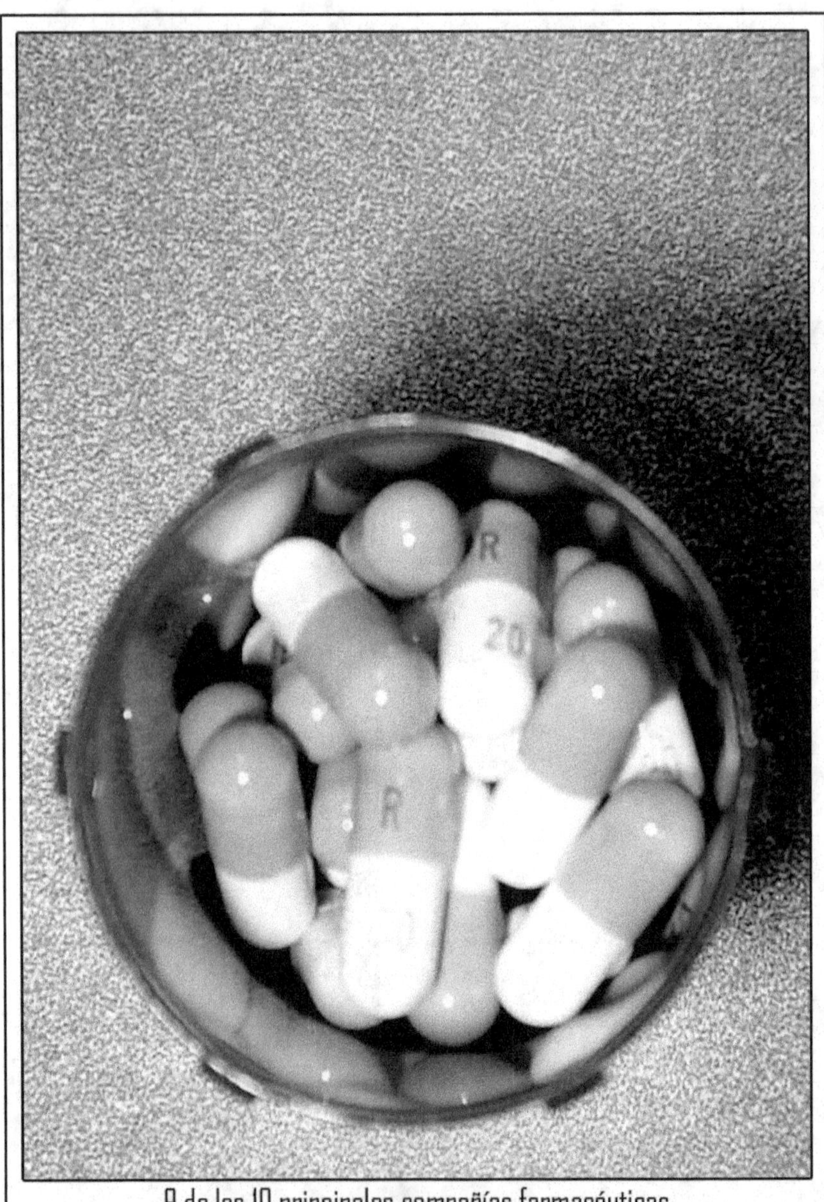

9 de las 10 principales compañías farmacéuticas,
la industria más lucrativa del mundo,
invierten más capital en márketing que en investigación y desarrollo
Fuente: Global Justice Now
Fotografía: BitterScripts

La inversión en publicidad ha mantenido
una cuota del 0,7% del PIB global desde 2011
Fuente: WARC
Fotografía: perriscope

En 2016, el márketing de influencers
superó en valor al márketing impreso
Fuente: Google Trends
Fotografía: Gauthier Delecroix

El gasto en consumo supone aproximadamente
el 60% del PIB global
Fuente: Foro Económico Mundial
Fotografía: XoMEoX

El número de tarjetas bancarias operativas
superó los 14.000 millones en el año 2016
Fuente: RBR
Fotografía: Ann Baekken

Alrededor del 56% de los jóvenes de 15 años
en los países desarrollados tiene una cuenta bancaria
Fuente: OCDE
Fotografía: Timothy Neesam

El mercado global de desechos
está valorado en 40.000 millones de dólares
Fuente: ONU Medio Ambiente
Fotografía: Paul Morgan

Históricamente, el sector de la construcción ha invertido
menos del 1% de los beneficios en investigación y desarrollo
Fuente: Medium
Fotografía: Finn Terman Frederiksen

La productividad en el sector de la construcción
solo ha crecido un 1% anual durante los últimos 20 años
Fuente: BCC Research
Fotografía: AJ Oswald

El lavado de dinero negro a través de activos inmobiliarios
ronda los 1,6 billones de dólares globalmente al año
Fuente: Accuity
Fotografía: Paul Sableman

El gasto en transporte aéreo asciende a unos 871.000 millones
de dólares al año, lo que supone un 1% del PIB mundial
Fuente: Asociación de Transporte Aéreo Internacional (IATA)
Fotografía: Chris Sampson

La llegada de turistas internacionales se multiplicó por 49
en menos de 7 décadas, pasando de 25 millones en 1950
a más de 1.200 millones en 2016
Fuente: Organización Mundial del Turismo (OMT)
Fotografía: Pablo Castro

El turismo generó el 10,4%
de toda la actividad económica global en el año 2018
Fuente: WTTC
Fotografía: Richie Diesterheft

Unos 319 millones de empleos en todo el mundo
estaban vinculados al sector turístico en el año 2018
Fuente: WTTC
Fotografía: Floris Oosterveld

Los automóviles son el producto más comercializado,
con 1,35 billones de dólares en transacciones entre países
Fuente: Business Insider
Fotografía: Phil Richards

El gasto militar global es ahora un 76% más alto que en 1998,
el año de menor gasto tras la Guerra Fría
Fuente: Instituto Internacional de Estudios para la Paz de Estocolmo
Fotografía: Expert Infantry

Los productos para salas y hogares reportaron a la industria cinematográfica 96.800 millones de dólares en 2018
Fuente: Asociación Cinematográfica de Estados Unidos (MPAA)
Fotografía: Jakob Montrasio

Cerca de 1,7 millones de puestos de trabajo se han perdido
debido a la automatización desde el año 2000
Fuente: Financial Post
Fotografía: South African Tourism

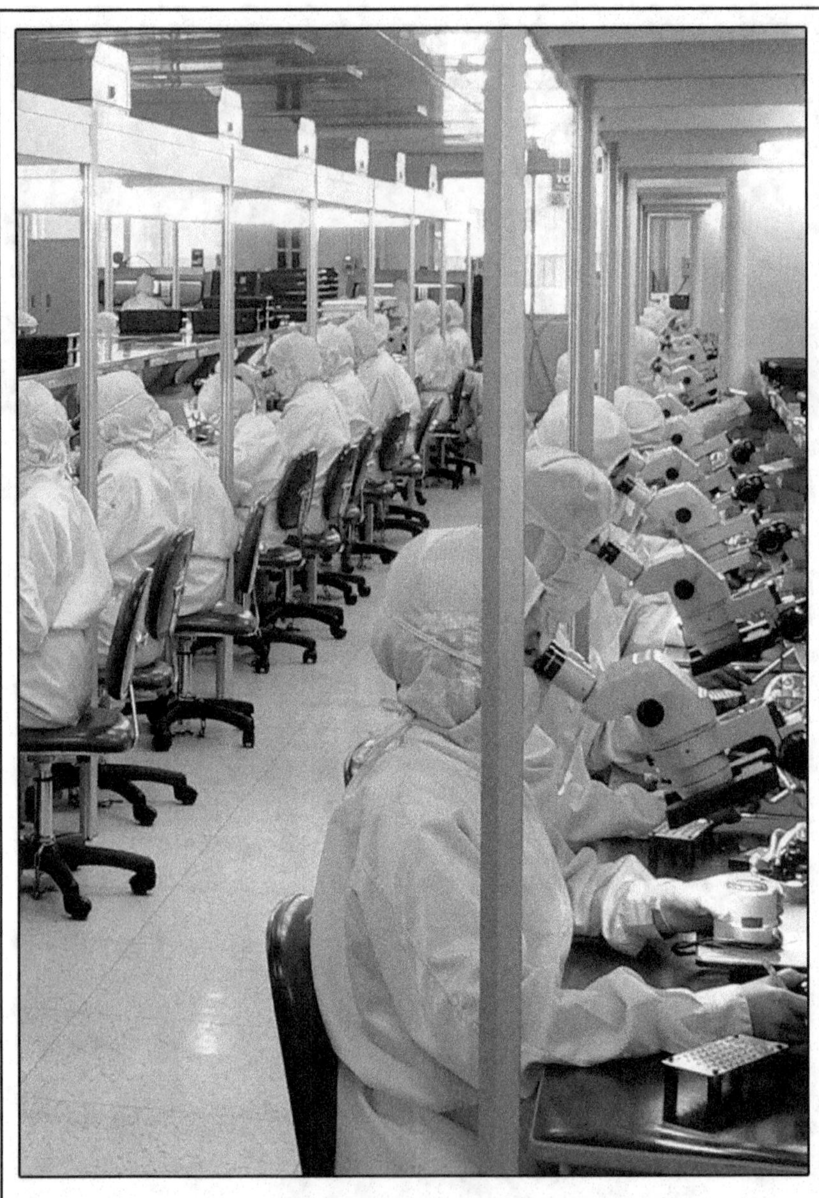

Alrededor del 50% de los puestos de trabajo actuales
podrían ser automatizados
Fuente: Instituto Global McKinsey
Fotografía: Steve Jurvetson

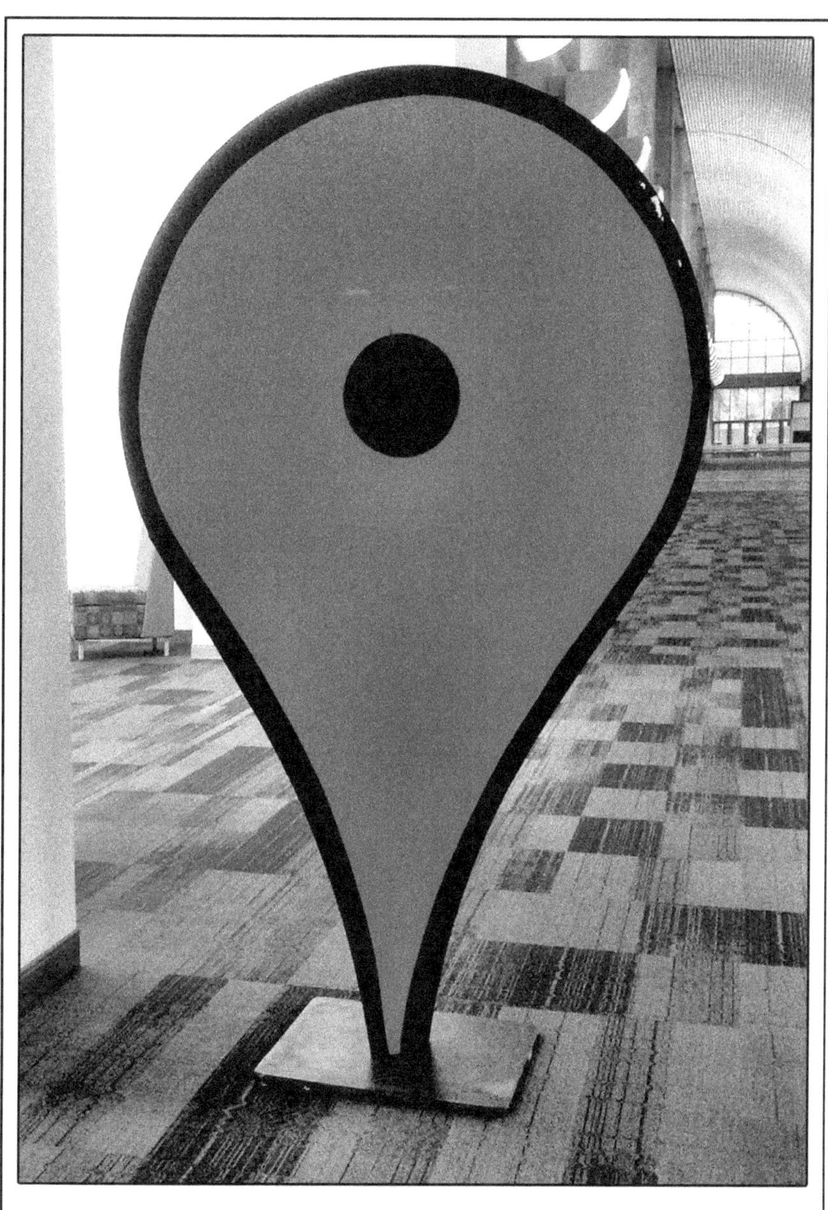

Google cuenta con un 92,74%
de cuota de búsquedas de internet globalmente
Fuente: StatCounter
Fotografía: F. Delventhal

Las cooperativas proporcionan al menos 279 millones
de puestos de trabajo en todo el mundo
Fuente: Organización Internacional del Trabajo
Fotografía: Tim Green

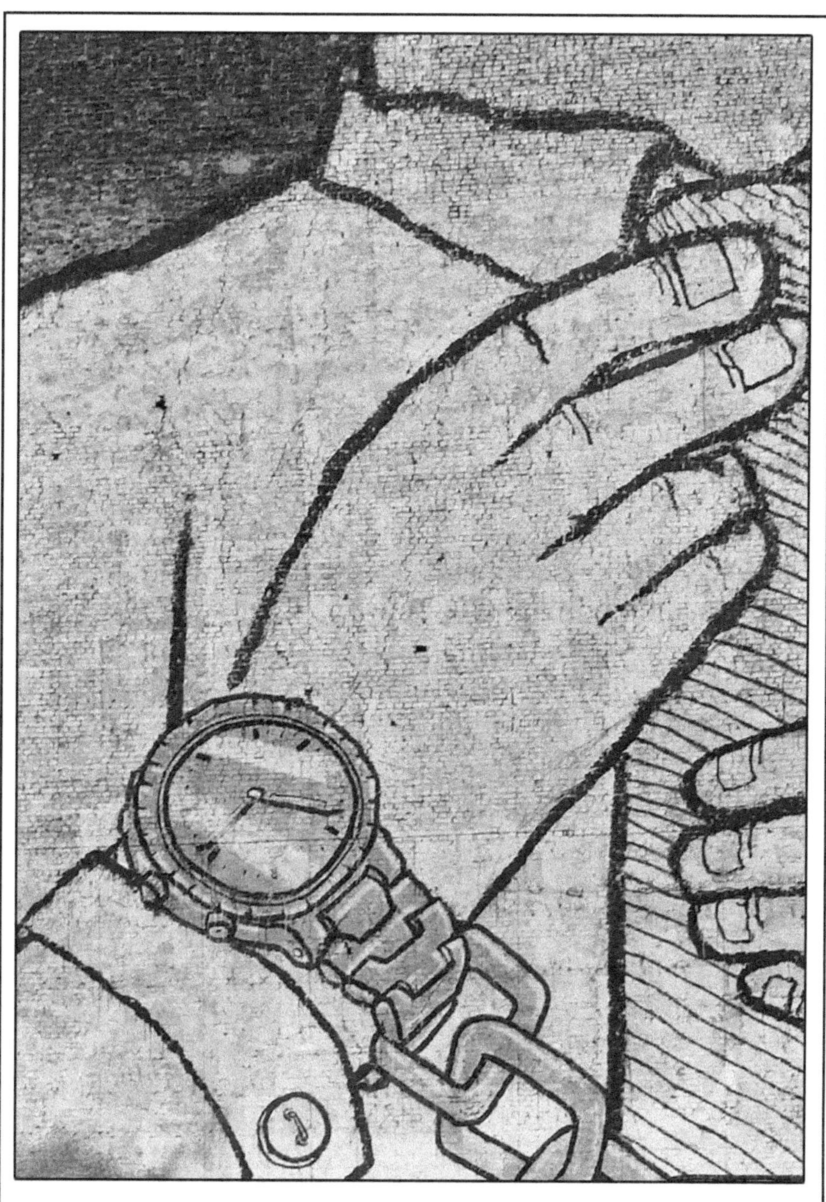

9 de cada 10 milmillonarios son hombres
Fuente: Forbes
Fotografía: Emanuele

El 13% de la población a nivel mundial
carece de acceso a electricidad moderna
Fuente: Naciones Unidas, Informe sobre Desarrollo Sostenido 2019
Fotografía: damn unique

La deuda mundial excede los 86.000 dólares por persona,
lo que supone más de 2½ veces el ingreso medio per cápita
Fuente: Fondo Monetario Internacional
Fotografía: Jeremy Bronson

El endeudamiento del sector privado
se ha triplicado globalmente desde 1950
Fuente: Fondo Monetario Internacional
Fotografía: Michael Swan

Los recursos naturales explotados anualmente
están valorados en unos 125 billones de dólares
Fuente: World Wildlife Fund for Nature (WWF)
Fotografía: Beyond Coal & Gas Image Library

En 2017, las primas de especulación de Wall Street volvieron
a los niveles anteriores a la crisis, alcanzando un promedio
de 184.220 dólares, el más alto desde 2006
Fuente: New York State Comptroller
Fotografía: Edgar Jiménez